Trainingsprogramm Schlüsselqualifikationen

Meike Müller

Trainingsprogramm Schlüsselqualifikationen

Die besten Übungen aus Karriere-Seminaren

berufs**strategie**

Eichborn.

Die Autorin
Meike Müller arbeitet als Kommunikationstrainerin und freie Journalistin. Sie lebt in Berlin. Bei Eichborn erschien ihr Buch *Der starke Auftritt. So überzeugen Sie in Ihrem Job* (2002).

© Eichborn AG, Frankfurt am Main, Mai 2003
Umschlaggestaltung: Christina Hucke
Foto © Corbis
Lektorat: Marit Borcherding
Satz: Fotosatz Reinhard Amann, Aichstetten
Druck und Bindung: Fuldaer Verlagsagentur, Fulda
ISBN 3-8218-3827-2

Verlagsverzeichnis schickt gern:
Eichborn Verlag, Kaiserstraße 66, D-60329 Frankfurt/Main
www.eichborn.de

Inhalt

11 Vorwort

13 **Selbstvertrauen – ein stabiles Fundament schaffen**
14 Sich selbst erkennen
15 *Übung: Umformulierung von Glaubenssätzen*
16 *Übung: Umformulierung eigener Glaubenssätze*
17 Sich selbst etwas Gutes tun
17 *Übung: Selbstaktualisierung durch Introspektion*
20 Nein sagen lernen
20 *Übung: Ja oder nein?*
21 Sich selbst annehmen und loben
22 *Übung: Affirmation*
23 *Übung: »Bewerbung«*
26 Sich trauen
28 *Übung: Magic Moments*
29 Eigene Stärken entdecken
30 *Übung: Erfolgstagebuch*
31 Damit es nicht bei guten Vorsätzen bleibt
31 *Übung: Brief an sich selbst*
32 Die wichtigsten Tipps für das Selbstvertrauens-Training

33 **Kommunikation – verstehen und verstanden werden**
34 Wie funktioniert Verständigung – oder auch nicht?
35 Die vier Seiten einer Nachricht
36 *Übung: Die vier Ebenen in der Kommunikation*
38 *Übung: Objektivität und Subjektivität*
39 Aktives Zuhören
40 *Übung: Testen Sie Ihre aktive Zuhörfähigkeit*
42 *Übung: Meinungen wiedergeben*
42 Ich- statt Du-Aussagen
43 *Übung: Ich- statt Du-Botschaften*
45 Die wichtigsten Tipps für das Kommunikations-Training

46 Schlagfertigkeit – gekonnt kontern

46 Nicht mehr wie ein begossener Pudel dastehen – dank Schnelligkeit, Überraschung und Frechheit
48 Assoziationen
48 *Übung: Schnelles Assoziieren (1)*
48 *Übung: Schnelles Assoziieren (2)*
49 *Übung: Schnelles Assoziieren (3)*
49 *Übung: Schnelles Assoziieren (4)*
50 Verschiedene Schlagfertigkeitstechniken
52 *Übung: Kontern mit der Notfall-Technik*
54 *Übung: Kontern mit der Rückfrage-Technik*
56 *Übung: Kontern mit der Besser-als-Technik*
57 *Übung: Kontern mit der Ja-ganz-genau-Technik*
59 *Übung: Positiv umformulieren*
59 Konter kontra Killerphrasen
62 *Übung: Killerphrasen mit Witz/Ironie kontern*
63 *Übung: Killerphrasen mit Rückfragen kontern*
64 *Übung: Killerphrasen mit Schärfe kontern*
65 *Übung: Killerphrasen benennen*
67 Die wichtigsten Tipps für das Schlagfertigkeits-Training

69 Präsentation – sich ins rechte Licht rücken

69 Das Wie ist wichtiger als das Was
70 Die Wirkung der Körpersprache
71 *Übung: Körpersprache wahrnehmen (Teil 1)*
72 *Übung: Körpersprache wahrnehmen (Teil 2)*
73 Stimme und Sprechweise
74 *Übung: Kinderantwort*
74 *Übung: Stimm- und Sprechtraining*
78 Kurze Reden
79 *Übung: Sprichwörter erklären*
79 Wie vermitteln Sie Inhalte?
81 *Übung: Anschaulich formulieren*
83 *Übung: Fremdwörter-Test*
85 *Übung: Doppelte und dreifache Verneinung verstehen*
87 Der rote Faden
91 *Übung: Einzelvortrag*

92	**Keine Angst vor Fragen**
94	*Übung: Präsentation mit Störungen*
96	*Übung: Bildbeschreibung*
97	*Übung: Komm auf den Punkt*
97	**Die wichtigsten Tipps für das Präsentations-Training**

99 Kreativität – immer für eine Idee gut
99 **Kreativität kann man fördern**
102 **Allgemeine Kreativitätstechniken**
102 *Übung: Test Einfallsreichtum*
104 *Übung: Wortbildung*
104 *Übung: Synonyme finden*
106 *Übung: Abkürzungen interpretieren*
108 *Übung: Lass Bilder sprechen*
108 **Lösungsorientierte Kreativitätstechniken**
109 *Übung: Brainstorming*
111 *Übung: 6-3-5-Methode*
113 *Übung: Paradoxe Antworten*
114 *Übung: Semantische Intuition*
117 *Übung: Kreativitätsmethode nach Disney*
118 *Übung: Osborn-Checkliste*
120 *Übung: Konzeptentwicklung*
121 *Übung: Reizwortanalyse*
123 **Die wichtigsten Tipps für das Kreativitäts-Training**

125 Lernfähigkeit und Konzentration – bei der Sache bleiben
125 **Die grauen Zellen auf Trab bringen**
126 *Übung: Einschätzungstest – wie gut arbeiten Ihre grauen Zellen?*
128 *Übung: 2-d-Konzentrations-Test*
128 *Übung: Kopfrechnen*
130 *Übung: Zahlen verbinden*
131 **Lernen lernen – Aktivierung kontra Frontalunterricht**
132 *Übung: Gehirnhälften koordinieren*
132 **Methoden für erfolgreiches Lernen**
134 *Übung: Mindmap erstellen*
135 *Übung: Verrückte Bilder*

	136	*Übung: Denkaufgaben*
	138	*Übung: Deutschlehrer*
	140	Die wichtigsten Tipps für das Lernfähigkeits- und Konzentrations-Training

141 Zeit- und Selbstmanagement – wissen, was man will

141	Der Druck wächst
142	Vor dem Neuanfang steht die Ist-Analyse
143	*Übung: Zeittorte zeichnen*
144	*Übung: Zeitprotokoll anlegen*
147	Regelkreis für das Zeit- und Selbstmanagement
147	1. Schritt: Zielsetzung
148	*Übung: 10 Fragen an mich selbst*
154	*Übung: Pro und Kontra*
155	*Übung: Ziele konkretisieren*
156	2. Schritt: Planung
157	*Übung: Wochenplan*
160	*Übung: Fang den Zeitdieb*
163	3. und 4. Schritt: Entscheidung und Umsetzung
166	*Übung: Eisenhower-Prinzip*
169	*Übung: Energiebilanz erstellen*
172	*Übung: Eigene Grabrede*
173	5. Schritt: Kontrolle
175	*Übung: Zeit einschätzen*
176	*Übung: Lebenszeit*
177	Die wichtigsten Tipps für das Zeit- und Selbstmanagement-Training

178 Entspannung, Erfrischung, Energie – gelassen ans Ziel kommen

178	Wir brauchen Stress
179	Umgang mit Stress
181	Entspannungsübungen
181	*Übung: Lunge belüften / Nasenschleimhaut befeuchten*
182	*Übung: Entspannungs-Atmen*
182	*Übung: Gruppenmassage*
183	*Übung: Die innere Mitte finden*
185	*Übung: Progressive Muskelentspannung*

189	Energie tanken	
189	*Übung: In die Gänge kommen*	
190	*Übung: Belebung für die Augen*	
191	*Übung: Auftanken*	
193	Erfrischung suchen	
195	*Übung: Gesichter betrachten*	
196	*Übung: Spiegellächeln*	
196	*Übung: Lach mal wieder*	
197	*Übung: Scherzfragen*	
198	Die wichtigsten Tipps für das Entspannungs-, Energie- und Erfrischungs-Training	

200 Lösungen und Lösungsvorschläge zu den einzelnen Übungen

212 Anmerkungen

214 Literatur

216 Dank

Vorwort

Morgens eine Konferenz, danach in ein neues Projekt einarbeiten, zwischendurch vielleicht mit einem schwierigen Kunden sprechen und abends noch einen Vortrag halten. An manchen Tagen kommt es »ganz dicke«, ein Termin jagt den nächsten. Höchste Konzentration, souveräne Kommunikation und ausgeprägte soziale Kompetenz sind gefragt. Aber auch an den »normalen« Arbeitstagen gilt es, hellwach, agil, kreativ und schlagfertig zu sein, trotz Zeitdruck überlegen und gelassen zu bleiben und dabei menschlich-sympathisch zu wirken. Ganz schön viele Anforderungen auf einmal! Verständlich und empfehlenswert, dass immer mehr Selbstständige, Arbeitnehmerinnen* und Arbeitnehmer ihre Karriere nicht mehr dem Zufall überlassen und zielsicher eine individuelle Erfolgsstrategie entwickeln wollen. Geht es Ihnen auch so? Dann habe ich eine gute Nachricht für Sie: Sie sind auf dem besten Wege dahin. Schließlich halten Sie das »Trainingsprogramm Schlüsselqualifikationen« in Händen, das Sie nicht nur dabei unterstützt, sich neues Wissen anzueignen oder schon bestehende Kenntnisse zu vertiefen, sondern Ihnen vor allem mit zahlreichen praktischen Übungen neue Einblicke vermittelt, erfolgversprechende Perspektiven aufzeigt und plastisch beschreibt, wie Sie Gelerntes anwenden können – getreu dem chinesischen Sprichwort:

Ich höre – ich vergesse
Ich sehe – ich behalte
Ich tue – ich verstehe

* Wenn ich im Folgenden nicht immer auch die weibliche Form (Kollegin, Zuhörerin, Teilnehmerin etc.) verwende, soll das keine Diskriminierung der Leserinnen sein, sondern geschieht allein um der Lesbarkeit willen.

Der hohe Praxisanteil hilft Ihnen, Strategien zu erlernen bzw. weiter auszubauen, die das eigene Berufsleben erfolgreich machen.

In diesem Übungsbuch finden Sie Erläuterungen, Hinweise und Tipps zu den wichtigsten Schlüsselkompetenzen wie
- Selbstvertrauen
- Kommunikation
- Schlagfertigkeit
- Präsentation
- Kreativität
- Lernfähigkeit und Konzentration
- Zeit- und Selbstmanagement
- Entspannung, Energie, Erfrischung

Jeder Themen-Komplex wird durch das themenspezifische *Trainingsprogramm* ergänzt, das Sie allein, zu zweit und auch mit mehreren Leuten, z. B. der Familie, dem Kollegenkreis oder mit Freunden ausprobieren können.

Um Ihnen eine möglichst große Vielfalt an Übungsmöglichkeiten zu bieten, habe ich darüber hinaus erfolgreiche Trainerkolleginnen und Trainerkollegen gebeten, Übungen und Spiele vorzustellen, die sie Ihnen für das »Hometraining« Ihrer Schlüsselkompetenzen empfehlen können.

Ich wünsche Ihnen viel Spaß bei der Lektüre und natürlich beim Ausprobieren der Übungen!

Selbstvertrauen – ein stabiles Fundament schaffen

Wie schön wäre es, immer voller Zutrauen zu sich und den eigenen Fähigkeiten zu sein, keine Angst vor neuen Herausforderungen zu kennen, stets selbstbewusst zu agieren, sich nicht durch andere verunsichern zu lassen! Wünschen Sie sich das auch? Warum klappt das nicht bzw. nicht immer? Was hält uns davon ab, an uns zu glauben? Was verunsichert uns? Der Psychologe Rolf Merkle kennt den Grund: Es ist unser innerer Kritiker. Damit meint er den »Kritiker in uns, jene innere Stimme, die nur darauf wartet, uns bei einem Fehltritt oder einer Schwäche zu ertappen, um uns dann sofort und aufs schärfste zu verurteilen und uns mit dem quälenden Gefühl zurückzulassen, dass mit uns etwas nicht stimmt.«[1]

Es ist also wichtig, den inneren Kritiker in uns zum Schweigen zu bringen und uns nicht weiter verunsichern zu lassen. Denn für ein zufrieden stellendes Privat- und Berufsleben brauchen wir Selbstbewusstsein. Selbstbewusstsein ist auch die Basis für alle in diesem Buch behandelten Schlüsselkompetenzen: Wenn ich ein schwaches Selbstbewusstsein habe, dann fällt es mir schwer, zu kommunizieren, zu überzeugen, schlagfertig zu kontern, mich zu konzentrieren, zu lernen, kreativ und gelassen zu sein. Denn ständig bin ich mit Gedanken beschäftigt à la »Wie soll ich das nur schaffen?«, »Ich kann das nicht!«, »Die anderen haben immer bessere Ideen!«, »Was denken jetzt die anderen von mir?«. Selbst das eigene Zeit- und Selbstmanagement ist vom Selbstvertrauen abhängig. Wie soll man sonst Entscheidungen treffen, Ziele finden oder zum Beispiel auch mal den Mut aufbringen, nein zu sagen?

Wer seine Schlüsselkompetenzen trainieren möchte und ein eher schwaches Selbstbewusstsein hat, sollte deshalb unbedingt zunächst hier ansetzen. Aus diesem Grunde habe ich das Kapitel Selbstvertrauen auch allen anderen vorangestellt.

Sich selbst erkennen

Entscheidend für ein schwaches Selbstkonzept und damit, dass der innere Kritiker uns das Leben so schwer macht, sind die so genannten Beziehungsbotschaften (auch Glaubenssätze) der Umwelt – also Aussagen von Eltern, Geschwistern, Freunden, Lehrern, Bekannten usw., die dem Kind Hinweise darauf geben, wie es gesehen wird. »Auf der Suche nach seiner Identität (›Wer bin ich?‹) ist das Kind auf solche Hinweise angewiesen. Mit der Zeit verdichten sich die Zigtausenden von Beziehungsbotschaften, die das Kind von seiner Umwelt erhält, zu der Schlussfolgerung ›So einer bin ich also!‹«[2]

Vielleicht haben auch Sie in Ihrer Kindheit Sätze wie diesen zu hören bekommen:

»Du bist immer so ungeschickt.«
»Wie kann man nur so dumm sein.«
»Das schaffst du sowieso nicht.«
»Aus dir wird nie was.«
»Man hat es wirklich nicht leicht mit dir.«

Erinnern Sie sich? Nachvollziehbar, dass man nur schwer Zutrauen zu sich und den eigenen Fähigkeiten entwickelt, wenn man geradezu bombardiert wird mit Aussagen wie diesen und ähnlichen.

Hört man diese Glaubenssätze immer und immer wieder, wird man sie am Ende im wahrsten Sinne des Wortes aufnehmen und als Teil von sich akzeptiert haben.

Später als Erwachsene machen uns diese Zuschreibungen das Leben schwer. Immer dann, wenn es ernst wird, wenn Herausforderungen auf uns zukommen, wenn unsere Stärke gefragt ist, dann melden sich diese Sätze wieder zu Wort und beschwören uns: »*Ich bin zu dumm dafür*«, »*Ich schaff das sowieso nicht*«, »*Ich werde nie gut werden.*«

Sie werden sich jetzt vielleicht sagen, gut, dass ich das jetzt weiß. Aber: was hilft es mir? Was soll ich gegen so starke Prägungen tun? Ich kann Sie beruhigen. Ganz so ausweglos ist die Situation nicht. Denn alles, was wir einmal gelernt haben, können wir auch wieder verlernen. Dazu müssen Sie zunächst die Glaubenssätze, die sich tief in Ihr Unterbewusstsein gegraben haben, hervorholen und sich bewusst machen und durch neue, bessere, motivierende ersetzen. Genau darum geht es in folgender Übung.

Übung: Umformulierung von Glaubenssätzen

Dauer: ca. 10 Minuten
Was Sie benötigen: Stift
Gruppengröße: allein
So geht's: Überlegen Sie, wie folgende Glaubenssätze umzuformulieren sind, damit daraus motivierende und Mut machende Sätze werden. Tragen Sie die besseren Formulierungen in die rechte Spalte ein.

Vorher	Nachher
Beispiel: 1) Das kann ich sowieso nicht.	Beispiel: 1) Ich versuche es wenigstens mal. Versuch macht klug!
2) Eigenlob stinkt.	
3) Die anderen können das bestimmt besser.	
4) Ich darf mir keine Fehler erlauben.	
5) Ich bin aber auch so blöd, schon wieder habe ich was falsch gemacht.	
6) Ich bin nicht intelligent genug.	
7) Ich mache mich immer lächerlich.	
8) Ich bin nicht interessant.	
9) Ich bin in meinem Job nicht gut genug.	
10) Ich muss immer bescheiden sein.	

Lösungsvorschläge auf Seite 200.

Nach dieser Trockenübung geht's nun »ans Eingemachte«. Vielleicht haben diese eben von mir genannten Beispiel-Glaubenssätze nichts oder eher wenig mit denen zu tun, die Sie immer gehört und zu Ihren eigenen gemacht haben? Möglicherweise haben sich bei Ihnen ganz andere Sätze verankert? Um Ihre persönlichen Glaubenssätze geht es in folgender Übung:

✏ Übung: Umformulierung eigener Glaubenssätze

Dauer: ca. 10 Minuten
Was Sie benötigen: Stift, Karten (verstärktes Papier oder Karteikarten)
Gruppengröße: allein
So geht's: Gehen Sie einmal in sich: Was hat man Ihnen vorgeworfen? Wie hat man Ihr Selbstvertrauen geschwächt bzw. wie machen Sie sich heutzutage selber klein und das Leben schwer? Notieren Sie die Sätze in der linken Spalte.

Nun formulieren Sie – wie bei der Übung zuvor – diese negativen Glaubenssätze in positive Modelle um. Diese notieren Sie in der rechten Spalte.

Ihre Glaubenssätze

Vorher	Nachher

Anschließend schreiben Sie die positiven Sätze (= rechte Spalte) auf einzelne farbige Karten und bewahren sie gut auf. Entweder heften Sie die Karten an die Wand ihres Büros, um immer wieder daran erinnert zu werden, oder – wenn nicht alle Kollegen mitlesen sollen, womit Sie sich gerade beschäftigen – stecken Sie die Karten ins Portemonnaie, um regelmäßig einen Blick darauf zu werfen und sich damit vertraut zu machen. Das ist wichtig, damit Sie nicht in alte Gewohnheiten zurückverfallen. Schließlich haben die eingebläuten Muster Jahre, wenn nicht Jahrzehnte, funktioniert. Da braucht es schon einige Mühe, sich umzugewöhnen.

Wann immer sich eine dieser negativen Botschaften wieder zu Wort melden will, sagen Sie zu sich: »*Stop! Nicht mit mir! Die Zeiten sind vorbei, dass ich mich selbst klein gemacht habe.*«

Statt sich selber zu blockieren mit einem Satz wie: »*Ich kann das sowieso nicht*«, sagen Sie jetzt besser: »*Ich probiere es zumindest einmal aus.*«

Sie müssen den Teufelskreis der Glaubenssätze unbedingt durchbrechen.

Wenn Sie an diesen klein machenden Etikettierungen festhalten, stehen Sie sich weiter selber im Weg. Besser also, Sie halten sich an die neuen Sätze. Seien Sie sich selbst eine gute Freundin, ein guter Freund, die bzw. der aufmuntert, Mut macht, bestätigt, lobt und vertraut. Das baut Sie auf und hilft Ihnen, vor neuen Herausforderungen nicht zurückzuschrecken und das Leben besser zu meistern.

Tipp
Wenn es Ihnen schwer fällt, diese neuen Sätze in Ihr Leben zu integrieren, dann versuchen Sie es mit Übungen wie z. B. der *Affirmationstechnik* (siehe Seite 22).

Sich selbst etwas Gutes tun

Wir sind im Alltag immer wieder Situationen ausgesetzt, die wir als Bereicherung oder als Belastung wahrnehmen. Stark belastet fühlen sich häufig diejenigen, die es ihrer Umwelt besonders recht machen wollen, die in Familie, Freundeskreis und Job hervorragend funktionieren und perfektionistische Ansprüche an ihre Leistungen (auch die Leistungen, die sie für Freunde und Familie aufbringen!) haben und an irgendeinem Punkt ihres Schaffens bemerken, dass ihnen Motivation, Zufriedenheit und Energie fehlen.

Die folgende, dreischrittige Übung soll Ihnen dabei helfen, nützliche und bereichernde Momente in Beruf und Privatleben in den persönlichen Fokus zu heben, frei nach dem Motto: »Alles ist gut, was man gerne tut«. Dabei sollen belastende Situationen beleuchtet und aussortiert werden.

Übung: Selbstaktualisierung durch Introspektion: Das Nützliche erhalten, das Unnütze meiden

Dauer: täglich ca. eine halbe Stunde in der ersten Woche, danach täglich ca. 10 Minuten
Was Sie benötigen: Papier, Stift
Gruppengröße: allein (optimal: eine weitere Person für Beratung und Auswertung)
Empfohlen von: Alice Betke, Diplom-Pädagogin, Kommunikationstrainerin und Beraterin, Köln

> **Alice Betke,** Jahrgang 1971, hat sich auf berufsstrategische Kommunikationstrainings und Familienberatung spezialisiert. Sie legt bei Trainings Wert auf Kundenorientierung, vertrauensvolles, lösungsorientiertes Arbeiten, gezielte Problemanalysen und Humor.
> Die Diplom-Pädagogin hat gute Erfahrungen mit der Selbstaktualisierungsübung gemacht, weil Veränderungen des eigenen Verhaltens häufig veränderte Situationen nach sich ziehen.

So geht's: Der *erste Schritt* kommt einer Bestandsaufnahme gleich. Er fällt gerade bescheidenen Menschen sehr schwer und sollte am besten mit einem guten Freund, einem wohlmeinenden Arbeitskollegen besprochen werden, wenngleich er sehr privater Natur ist. Es gilt, zu folgender Frage eine Liste mit mindestens zehn Punkten zu erstellen:

Was steht mir zu, ohne dass ich eine Leistung dafür erbringen muss?

Den meisten Befragten geht nach dem fünften Punkt die Luft aus. Ist das bei Ihnen auch der Fall? Dann helfen Ihnen folgende Fragen bestimmt weiter:
- Was steht mir im Beruf zu?
- Was *konkret* habe ich verdient? Hier soll die Antwort nicht allgemein »Respekt« lauten, sondern es geht etwa um »freundliche Ansprache«, »Erkundigen nach dem Befinden« und andere »unbescheidene« Wünsche (der Blumenstrauß, das Überraschungsessen, der geschenkte Urlaub etc.)
- Welche Dinge stehen mir zu, welche guten Situationen habe ich verdient?

Diese Übung nenne ich den »Bescheidenheitsknacker« – sie hat sich besonders bei Frauen bewährt, ist jedoch weniger nützlich bei narzisstischen Persönlichkeiten.

Häufig finden sich hier die ersten Hinweise auf erlebten Leidensdruck und Unterversorgung mit extrinsischer Motivation, d. h. mit zu wenig Unterstützung, Lob, Anerkennung von außen.

Der *zweite Schritt* führt aus der begeisterten »Träumerei« in die konkrete Situation. Es geht darum, dass Sie Ihr eigener Beobachter, Ihre eigene Beobachterin werden, um die Fähigkeit zum Selbstmanagement zu aktivieren bzw. zu verstärken.

Es ist sinnvoll, dass Sie sich über den Zeitraum von mindestens einer Woche jeden Abend eine halbe Stunde Zeit nehmen, interessante oder beeindruckende Situationen des Tages nach folgendem Schema kurz zu notieren:

Situationen sammeln

Situation	Beteiligte	Was glaube ich, erwarten die anderen von mir?	Punkte für Körpergefühl 1–10 1 = sehr schlecht, 10 = fantastisch
Beispiel: Mein Chef bittet mich wegen erhöhten Arbeitsaufkommens um Überstunden	Ich, mein Chef, die Sekretärin, die mit einem Ohr mithört	Chef: Uneingeschränkte Loyalität, Freundlichkeit und Zustimmung Sekretärin: ?	4

Für die Zeit der Sammlung brauchen Sie die Liste nicht zu sortieren, in Rubriken einzuteilen, zu besprechen, zu bewerten oder im Nachhinein zu verändern. Es genügt das reine Sammeln unangenehmer und guter Momente, sich unnötiger Belastungen bewusst zu werden und diese automatisch zu meiden und sich denjenigen zuzuwenden, die den eigenen Alltag erleichtern und bereichern. Es geht vor allen Dingen darum, sich auf die Abwehrsignale des Körpers verlassen zu können (Kopfschmerzen, schnellere Atmung, Rückenbeschwerden und Verspannungen, Hungerattacken etc.). Der Körper vergisst nichts.

Es ist empfehlenswert, diese Liste kontinuierlich über mehrere Wochen zu führen; dabei steigern sich häufig die »Körperpunkte« erheblich. Manchmal wird der *dritte Schritt*, die Auswertung, sogar überflüssig, weil man sich automatisch von belastenden Situationen abwendet.

»Innerer Hausputz«
Nun geht es an die Auswertung, die Reflexion, die allein, zu zweit oder in einer vertrauensvollen, gewachsenen Gruppe vorgenommen werden kann:

Situationen mit Körpergefühl über 5 Punkten:	Situationen mit Körpergefühl unter 5 Punkten:	In Zukunft vermeidbar, unvermeidbar, veränderbar? (bei unter 5 Punkten) In Zukunft öfter herstellbar? (bei über 5 Punkten)

Oft hilft es, vor der Auswertung die Liste einige Zeit »ruhen« zu lassen, um mehr Distanz zu erlebten, Situationen herzustellen und sie aus der Vogelperspektive zu betrachten.

Nein sagen lernen

Immer deutlicher kristallisiert sich heraus, wie wichtig es ist, eigene Bedürfnisse und Wünsche wahr- und ernst zu nehmen und sich selbst aus einem anderen Blickwinkel zu betrachten, um sich aus alten Mustern und Gewohnheiten zu lösen – der stets wiederkehrende Knackpunkt beim Thema Stärkung des Selbstbewusstseins. Nur wer sich (er)kennt, weiß, was er/sie zu bieten hat, was in ihm/ihr steckt, wo die eigenen Grenzen sind und wann sie überschritten werden. Nur dann kann man sich gegen Grenzverletzungen wehren.

Dazu muss man aber in der Lage sein, auch nein zu sagen – das fällt vielen Menschen schwer.

Sind Sie auch jemand, der lieber ja als nein sagt? Dem es vielleicht ganz und gar schwer fällt, nein zu sagen? Vielleicht sind Sie ein Mensch, zu dem immer sehr viele Leute mit ihren Problemen kommen, der viel häufiger um Hilfe, um einen Gefallen gebeten wird als andere? Möglicherweise strahlen Sie aus, dass man es bei Ihnen leichter hat, eine Zusage und Unterstützung, eben ein Ja, als eine Abfuhr zu bekommen? Wir wissen, dass die körpersprachlichen Signale in der Kommunikation weitaus entscheidender sind als die Worte selber (siehe *Überzeugungspyramide*, Seite 69). Wenn Sie eher ein »Ja-Typ« sind, dann wird auch Ihr köpersprachliches Repertoire größer sein, um ein »Ja« auszudrücken.[3] Mit folgender Übung können Sie feststellen, in welche Richtung (eher »Ja-« oder »Nein-Typ«) Sie tendieren.

Übung: Ja oder nein?

Dauer: 4 bis 8 Minuten
Was Sie benötigen: –
Gruppengröße: zu zweit
So geht's: Fragen Sie z. B. einen Freund, eine Freundin, den Partner oder einen vertrauten Arbeitskollegen, ob er/sie mit Ihnen diese Übung macht. Stellen Sie sich gegenüber auf und verteilen Sie die Rollen. Einer von Ihnen darf nur ja sagen,

der andere nur nein. Jeder der beiden Partner sollte sich möglichst viele Arten einfallen lassen, wie er ja oder nein sagt. Dominant, zurückhaltend, laut, leise, arrogant, eingeschüchtert, ironisch, freundlich, böse etc. Setzen Sie Gestik, Mimik und Stimme deutlich ein. Nach ein bis zwei Minuten tauschen Sie die Plätze und die Rollen. Und probieren wiederum ein bis zwei Minuten das Ja- bzw. Neinsagen aus.

Nach weiteren ein bis zwei Minuten tauschen Sie erneut die Rollen und Positionen. Jetzt aber dürfen Sie gar nichts mehr sagen, sondern Ihre Aufgabe liegt darin, ja bzw. nein nur körpersprachlich auszudrücken. Auch das spielen Sie wieder ein bis zwei Minuten durch, um dann noch einmal die Positionen und Rollen zu tauschen.

Was fällt Ihnen auf? Ohne Worte werden Sie sehr deutlich spüren, welcher Typ Sie sind, wie gut es Ihnen gelingt, ja oder nein auszudrücken. Darüber hinaus erfahren Sie viel über die eigenen Gefühle bei der jeweiligen Rolle. Und das Wichtigste: Sie können Mimik, Gestik, Stimme regelrecht trainieren, um künftig beim Neinsagen überzeugender zu wirken.

Tauschen Sie sich mit Ihrem Gegenüber aus. Was hat ihn überzeugt, was ist ihm aufgefallen, bzw. was haben Sie bemerkt?

☞ **Tipp**

Um sich eine überzeugende Gestik und Mimik einzuprägen, ist es sinnvoll, nach jedem Übungsschritt kurz innezuhalten und ganz bewusst die eine oder andere Haltung, bzw. einen bestimmten Gesichtausdruck oder eine spezielle Geste zu üben, um sie dann im Fall der Fälle gezielt zur Unterstreichung seiner Aussage einsetzen zu können.

Sich selbst annehmen und loben

»Eigenlob stinkt.« Haben Sie das auch gelernt? Sich selbst loben – das macht man nicht, hieß es immer. Man schiebt sich nicht nach vorn. Gerade Frauen halten sich an diese Devise. Viele fühlen sich in der zweiten Reihe scheinbar viel wohler. So kann wenigstens niemand denken, man sei eine Angeberin oder zu sehr von sich eingenommen. Das ist verpönt. Im Berufsleben kommt es bekanntermaßen darauf an, andere auf die eigenen Stärken und Erfolge aufmerksam zu machen, sich ins rechte Licht zu rücken. Sonst könnte es nur zu leicht passieren, dass man/frau übersehen wird und schon nach kurzer Zeit sich niemand mehr an tolle Leistungen oder errungene Erfolge erinnert. Fatal für die Karriereleiter. Aber es geht beim Loben nicht nur darum, etwas für den beruflichen Aufstieg zu tun. Es geht um Sie als Mensch, dem es einfach gut tut, Lob anzunehmen und sich auch selber zu loben. Natürlich wäre es prima, wenn man immer wieder von anderen Anerkennung bekäme. Doch ist das meist eher die Ausnahme. Teilnehmer/-innen meiner Seminare berichten mir sehr häufig, dass sie Lob vermissen. Ein Mitarbeiter eines großen Konzerns erzählte: »Wenn ich alles gut mache, geht man stillschweigend darüber hinweg. Das hat man ja erwartet. Wenn ich mir aber mal einen Fehler erlaube, und sei er noch so klein, dann wird das zum großen Thema.« Wenn also das Gelobtwerden eher eine Ausnahme ist, bleibt Ihnen wohl nichts anderes übrig, als sich selbst auf die Schulter zu klopfen. Das heißt: Bringen Sie beispielsweise gegenüber Vorgesetzten Ihre Erfolge immer wieder ins Gespräch, erwähnen Sie ganz geschickt nebenbei bei geschäftlichen Anlässen Ihre großen Erfahrungen, lassen Sie beim Smalltalk fallen, was Sie erreicht haben...

Natürlich müssen Sie sich nicht nur vor Publikum loben. Fangen Sie doch einmal mit dem Lob bei der wichtigsten Person in Ihrem Leben an – bei Ihnen!

Übung: Affirmation

Dauer: täglich 1–2 Minuten
Was Sie benötigen: einen Spiegel
Gruppengröße: allein
So geht's: Blicken Sie in einen Spiegel, schauen Sie sich freundlich an und sagen Sie sich Ihre neuen Glaubenssätze (s. S. 16 ff.) oder einfach Aussagen, die Ihnen gut tun und die zum Ausdruck bringen, dass Sie sich selbst achten und lieben, z. B. »Ich bin gut!«, »Ich bin stolz auf mich!«, »Ich habe das Recht, an mich zu denken!«, »Ich darf mir Fehler erlauben« etc. »Ich bin nicht perfekt, aber ich habe den Mut Neues auszuprobieren...« Bloß keine falsche Bescheidenheit! Loben Sie sich richtig ausführlich.

Am Anfang wird es Ihnen merkwürdig vorkommen. Schließlich haben wir ja gelernt, dass man sich selbst nicht loben soll. Aber nach ein paar Wochen werden Sie feststellen, dass es Ihnen einfach gut tut und innere Stärke gibt. Und genau die können Sie doch gut gebrauchen, oder?

Tipp

Diese Übung ist am wirksamsten, wenn Sie sie regelmäßig wiederholen – am besten täglich.

Sich selbst annehmen und loben

Vielen Menschen graut davor, wenn sie sich mal wieder um einen neuen Job bewerben müssen. Oft heißt es dann: »Oh, diese Schleimerei. Ich muss angeben – wie schrecklich.« Vielleicht rührt unser Widerwille ja auch daher, dass wir es nicht gelernt haben, uns ins rechte Licht zu rücken, es – wie eben beschrieben – regelrecht verpönt war und ist. Und plötzlich, wo es um eine neue Stelle geht, ist genau das gefragt. Man soll beschreiben, wieso man der bzw. die Richtige ist, soll Fähigkeiten unterstreichen, Stärken hervorheben ... Sie sagen, Ihnen liegt das nicht?! Irrtum: Alles eine Frage der Übung. Zu einer solchen möchte ich Sie jetzt auffordern. Es geht in diesem Fall aber nicht darum, sich um einen Job zu bewerben, sondern vielmehr um eine Freundschaft.

Übung: »Bewerbung«

Dauer: ca. eine Stunde
Was Sie benötigen: Stift, evtl. zusätzliches Papier
Gruppengröße: allein
So geht's: Stellen Sie sich vor, Sie bewerben sich nicht um einen Job, sondern um eine Freundschaft. Schreiben Sie auf, warum Sie ein guter Freund, eine gute Freundin sind. Welche positiven Eigenschaften können Sie hervorheben, die für Sie sprechen? Schreiben Sie Ihre Bewerbung auf die nächste Seite. Und Sie wissen ja: Der alte Spruch »Eigenlob stinkt« gehört der Vergangenheit an. Schließlich reicht es nicht, gut zu sein. Man muss auch dafür sorgen, dass andere es merken.

Beim Schreiben der »Bewerbung« hilft es, darüber nachzudenken, was andere gut an Ihnen finden, was sie Nettes über Sie sagen, was immer wieder lobend hervorgehoben wird? Und: Was mögen Sie selbst an sich, was macht Sie stolz? Lassen Sie nichts unter den Tisch fallen. Wenn Sie bereits Ihr *Erfolgstagebuch* (siehe Seite 30) angelegt haben, dann können Sie auch darin blättern. Dort finden Sie einige Hinweise, welch tolle Person Sie entdecken, wenn Sie in den Spiegel schauen ...

Hier kommt ein Beispiel, wie ein solcher Bewerbungsbrief aussehen könnte:

Lieber Freund,

damit du dir ein besseres Bild machen kannst, wer ich eigentlich bin, möchte ich mich dir vorstellen. Ich heiße Eva Kaiser, bin 40 Jahre alt und habe ein Kind. Ich arbeite als Rechtsanwalt- und Notargehilfin in Hamburg. In meiner Freizeit spiele ich in einem Verein Basketball und arbeite in einem Nachbarschaftshilfeverein mit.

Ich bin ein Mensch, dem Freunde sehr wichtig sind. Manchmal bedauere ich es, dass ich zu wenig Zeit für sie habe, weil Arbeit und andere Verpflichtungen mich einnehmen.

Ich bin ein sehr emotionaler Mensch. Das hat Vor- und Nachteile. Ich nehme mir viel sehr, einiges vielleicht zu sehr zu Herzen, dafür schätzen meine Freunde aber meine Wärme und Fürsorglichkeit. Ich freue mich, dass sie gerne zu mir kommen und dass ich ein paar langjährige und feste Freundschaften habe.

Ich weiß, dass ich sehr zuverlässig bin und auch, wenn's mir mal nicht so gut geht, die Zähne zusammenbeißen kann. Tief in mir ist eine Kraft, die mir sagt, dass keine Sache so schlecht ist, als dass sie nicht für irgendwas gut ist. Das gibt mir Mut. Überhaupt gelingt es mir, anderen Mut zu machen und traurige Menschen aufzumuntern.

Ich habe auch gelernt, Herausforderungen anzunehmen. Früher habe ich mich gerne gedrückt, wenn's schwierig wurde, unbekannte Aufgaben auf mich zukamen. Heute nehme ich Herausforderungen immer öfter an. Das macht mich stolz.

Ich habe ein gutes Gedächtnis. Wenn mir jemand etwas über sich erzählt hat, kann ich mich lange sogar an Details erinnern. Das freut die anderen, weil sie merken, wie wichtig ich sie nehme.

Manchmal bin ich selber natürlich auch nicht gut gelaunt oder sogar ungerecht. Das ärgert mich, wenn die Wut langsam hochsteigt und ich mich nicht bremsen kann. Doch ich schaffe es, wenn ich einen Fehler begangen habe oder gegenüber jemandem ungerecht war, mich dafür zu entschuldigen. Ich kann Kritik annehmen und versuche, sachlich damit umzugehen. Ich bin eine gute Zuhörerin, ...

Dieser Brief ist lediglich als Anregung gedacht. Sie haben vielleicht ähnliche oder ganz andere Stärken. Schreiben Sie sie jetzt auf.

Bewerbung um eine Freundschaft

Na, hat die eine Seite ausgereicht? Vielleicht haben Sie mehr Platz gebraucht – umso besser! Wichtig ist, dass Sie diesen Brief jetzt nicht einfach ad acta legen, sondern ihn sich immer wieder vornehmen und durchlesen – gerade in Momenten, in denen es Ihnen nicht so gut geht, wo Sie sich selber klein machen wollen, die alten *Glaubenssätze* (siehe Seite 16) wieder durchkommen und an Ihrem Selbstwertgefühl nagen. Geben Sie der ungerechten Selbstkritik keine Chance. Nehmen Sie sich den Brief vor und lesen Sie, welch toller Mensch Sie sind – damit Sie es bloß nicht vergessen... Versprochen?

Sich trauen

»Das schaff ich sowieso nicht!« Es gibt Menschen, die sich mit Formeln wie diesen immer wieder selber einschüchtern. Infolgedessen trauen sie sich wenig zu, nehmen Herausforderungen meistens nicht an – aus Angst oder in dem festen Glauben, sowieso zu scheitern. Dabei ist es gerade für die Stärkung des Selbstvertrauens so wichtig, auch mal etwas zu wagen. Denn der Selbstwert wächst durch aktives Tun. Wann immer es Ihnen gelingt, ein Problem zu beseitigen, eine schwierige Aufgabe zu bewältigen, wächst Ihre Zufriedenheit und damit das Gefühl der Selbstsicherheit. Ihre Zuversicht, auch andere schwierige Aufgaben zu lösen, steigt. »Und was ist, wenn es mal nicht klappt?«, wenden Sie jetzt vielleicht ein? Ja, was ist dann? Dann können Sie stolz auf sich sein, den Sprung ins kalte Wasser gewagt zu haben, und sich vornehmen, für das nächste Mal aus dem, was schief gegangen ist, zu lernen. Abgesehen davon geht ein Versuch nur äußerst selten vollkommen daneben. Vielleicht erreichen Sie »nur« 70 oder 80 Prozent von dem, was Sie sich vorgenommen haben. Immerhin! Das ist mehr als die Hälfte. Das andere muss verbessert werden – okay! Jetzt wissen Sie genau, woran Sie noch arbeiten müssen. Und wenn Sie beim nächsten Mal 90 Prozent erreichen – klasse! Versuchen Sie nicht, absolut fehlerlos zu werden. Das klappt sowieso nicht. Sie wissen doch: Nobody is perfect. Fehler sind die Stufen zum Erfolg – vorausgesetzt, man lernt aus ihnen.

Wer immer nur vermeidet, wer keine Herausforderung annimmt, kein Risiko eingeht, begibt sich unweigerlich auf eine Abwärtsspirale. Sie müssen ausprobieren, um festzustellen, was alles in Ihnen steckt. Haben Sie den Mut dazu!

Wie nagend das Gefühl sein kann, etwas unwiederbringlich versäumt zu haben, weil man sich nicht erlaubt hat, etwas zumindest mal auszuprobieren – das beschreibt auch der lateinamerikanische Schriftsteller Paul Coelho in seinem Roman *Am Ufer des Rio Piedra saß ich und weinte*:

»Man muss Risiken eingehen… Wir können das Wunder des Lebens nur richtig verstehen, wenn wir zulassen, daß das Unerwartete geschieht. Jeden Tag läßt Gott die Sonne aufgehen und schenkt uns jeden Tag einen Augenblick, in dem es möglich ist, alles das zu ändern, was uns unglücklich macht. Tag für Tag übergehen wir diesen Augenblick geflissentlich, als wäre das Heute wie gestern und das Morgen auch nicht anders…«[4]

Das Geheimnis des Lebens liegt, so Coelho, im bewussteren Wahrnehmen auch bzw. gerade der kleinen Momente im Leben – ob es nun der magische Augenblick ist, der entsteht, wenn man morgens den Schlüssel ins Schlüsselloch steckt oder das Schweigen nach dem Abendessen. Manchmal brauche es nur diesen einen Moment, der uns helfen könne, etwas in Bewegung zu setzen und unsere Träume zu realisieren. Träume lassen sich, wie Coelho beschreibt, nur dann verwirklichen, wenn wir uns trauen, Risiken einzugehen. Auch auf die Gefahr hin, dass wir leiden, schwierige Momente durchmachen und Enttäuschungen erleben. Coelho tröstet uns: All das gehe vorüber und hinterlasse keine Spuren. Wir könnten später sogar stolz zurückblicken, stolz auf das, was wir überwunden haben.

Coelho warnt jeden, der das Risiko scheut. Er würde vielleicht nie ernüchtert oder enttäuscht. Aber: »… wenn er dann zurückblickt – und wir blicken immer zurück –, wird er hören, wie sein Herz ihm sagt: ›Was hast du aus den Wundern gemacht, die Gott über deine Tage verteilt hat? Was hast du mit den Talenten gemacht, die dir dein Meister anvertraut hat? Du hast sie in einer Grube vergraben, weil du Angst hattest, sie zu verlieren. Und so ist dies nun dein Erbe: die Gewissheit, dass du dein Leben vergeudet hast.‹«

Wenn man diese Worte vernimmt, ist es zu spät, an Wunder zu glauben. Die magischen Augenblicke sind verstrichen.

Coelho spricht in dieser Passage von den magischen Augenblicken – manchmal sind es nur ganz kleine Dinge, die zu magischen Augenblicken werden können. Vorausgesetzt, man nimmt sie überhaupt wahr. Die Sinne dafür schärfen kann man wunderbar mit folgender Übung auf der nächsten Seite.

✐ Übung: Magic Moments

Dauer: ca. 2 bis 3 Minuten
Was Sie benötigen: ein Bett zum Einschlafen
Gruppengröße: allein
Empfohlen von: Christian Birkholz, Dipl.-Kommunikationswirt, Seminarleiter, Berlin

> **Christian Birkholz**, geboren 1950, Lehre als Werbekaufmann bei der Dorland Werbeagentur GWA, Berlin, Studium der Kommunikationswissenschaft, Werbung, Marketing und Publizistik in Berlin; 12 Jahre Dozent und wissenschaftlicher Mitarbeiter für Social Marketing und Social Management am Institut für Gesellschafts- und Wirtschaftskommunikation der Hochschule der Künste Berlin; ausgebildeter Gestalttherapeut; Fortbildungen in NLP, Bioenergetik, provokativer Therapie und Körperarbeit in Verbindung mit der Humanistischen Psychologie und systemischen Organisationsentwicklung.
>
> Seit 1984 Inhaber der Beratungsagentur »Kommunikations Kontor«, spezialisiert auf die Themenschwerpunkte: Kommunikation, Social Marketing, Zeit-, Stress- und Selbstmanagement, Kreativität, Teamentwicklung, Zielfindungsprozesse und Visionsarbeit.
>
> Für Non-Profit-Organisationen regelmäßig in Thailand zur Leitung von Seminaren und Workshops und seit einer Seminarreise nach Marokko vor sechs Jahren zunehmend in seiner »zweiten Heimat« beruflich auch dort anzutreffen.
>
> Christian Birkholz praktiziert die Übung selber täglich. Er hält sie für ein tolles Training zur Erhöhung der Wahrnehmung und Lebensfreude. Gefunden hat er sie in dem Roman *Was machen wir jetzt?* von Doris Dörrie, in dem ein Vater über das Spiel »Die fünf wunderbaren Dinge« berichtet, das seine Frau und Tochter erfunden haben.[5]

So geht's: Bevor Sie abends einschlafen, fragen Sie sich: »Was war heute mein Wunder-Augenblick?«, besser: »Was waren heute meine Wunderaugenblicke?« Denn davon gibt es bestimmt mehrere. Das Faszinierende an dieser Übung: Je öfter man sie praktiziert, desto mehr Magic Moments wird es geben. Christian Birkholz: »Ich erwische mich täglich bei der Wahrnehmung: Huppsa, das war ja wieder ein Magic Moment! Wunderaugenblicke können sein: das zauberhafte Lächeln der Wurstverkäuferin, die witzige Begegnung mit einem kleinen Straßenköter, eine besondere Wolkenformation am Himmel, der Flug der Schwalben, der erste Krokus im Mittelstreifen, ein frisch gezapftes Bier im Biergarten nach einem stressigen Tag, ein besonderer Geruch beim Vorbeigehen, der Anruf einer ›verschollenen‹ Freundin, ein Sonnenaufgang... es gibt Tausende von Wunderaugenblicken. Man muss sie nur wahrnehmen.«

Mit der bewussten Wahrnehmung der Magic Moments wird klar, was uns Gutes passiert. Das baut auf, macht Mut und nicht zuletzt gute Laune. Und es ist darüber hinaus eine gute Übung, um das Augenmerk mal auf das Positive, das Gelungene, kurz: die schönen Seiten des Lebens zu lenken. Denn viele Menschen haben leider genau einen entgegengesetzten Blick. Sie konzentrieren sich darauf, was nicht geklappt hat, was sowieso schief gehen wird, was wieder schrecklich war...

Eigene Stärken entdecken

Gehören Sie auch zu den Menschen, die sich dauernd vor Augen führen, was sie *nicht* können, wo sie Misserfolge hatten, welche Fehler sie machen, was in Zukunft bestimmt schief gehen wird? Die sich mit anderen Worten von dem *inneren Kritiker* (siehe Seite 13) immer wieder aus der Bahn werfen lassen? Dann wird es höchste Zeit, dass Sie den Spieß umdrehen! Entdecken Sie Ihre Stärken. Wer sich um eine neue Stelle bewirbt, um mehr Gehalt verhandelt, andere überzeugen will, mit anderen Worten: die Karriereleiter emporklettern möchte, muss wissen, was Positives in ihm bzw. ihr steckt.

Deshalb empfehle ich Ihnen, sich nicht nur täglich *vor dem Spiegel zu loben* (siehe Seite 22), sondern ein Erfolgstagebuch anzulegen, um schwarz auf weiß Ihre Leistungen und Anerkennungen vor Augen zu haben und um keinen Ihrer Erfolge in Vergessenheit geraten zu lassen.

Vielleicht fragen Sie sich jetzt, was man in ein solches Buch eintragen soll. Möglicherweise glauben Sie, gar nichts Erwähnenswertes aufschreiben zu können. Wenn Sie sich da mal nicht irren! Ganz wichtig dabei: Legen Sie die Messlatte beim Nachdenken über die Erfolge nicht zu hoch. Auch die scheinbar kleinen Schritte sind erwähnenswert.

Schon beim Aufschreiben wird Ihnen Ihre Leistung noch einmal bewusst. Sie werden beim Lesen älterer Einträge überrascht sein, was Sie schon alles bewältigt haben. Das Bewusstmachen von Erfolgen beflügelt und motiviert Sie für kommende Herausforderungen.

✎ Übung: Erfolgstagebuch

Dauer: einmal ca. eine halbe bis eine Stunde, dann regelmäßig 5 bis 10 Minuten
Was Sie benötigen: Stift, Tagebuch
Gruppengröße: allein
So geht's: Nehmen Sie sich ein Heft, ein leeres Tagebuch, einen schönen Schreibblock und denken Sie über die letzten vier Wochen und Ihre Erfolge nach. Was ist Ihnen gut gelungen, wofür können Sie sich auf die Schulter klopfen, was war ein Schritt nach vorn? Apropos Erfolge: Hängen Sie die Messlatte nicht zu hoch. Bei Erfolgen müssen es nicht die Millionenumsätze, der Wahnsinnsverkaufschlager, die Massen von Kunden oder die »Standing Ovations« von Freunden sein. Es geht auch etwas kleiner...

Lassen Sie Ihr Berufs- und auch Privatleben der letzten Wochen vor dem geistigen Auge Revue passieren und erinnern Sie sich: Sind Sie für eine Leistung besonders gelobt worden? Was haben Vorgesetzte und Kollegen positiv hervorgehoben? Konnten Sie dazu beitragen, den Umsatz zu steigern, Kunden an das Unternehmen zu binden? Haben Sie sich in einer Ausnahmesituation bewährt? Mussten Sie einmal Verantwortung tragen und haben diese Aufgabe erfolgreich bewältigt? Waren Sie belastbar? Haben Sie neue Ideen beigesteuert, die umgesetzt werden sollen oder bereits wurden? Was sind Ihre positiven Seiten? Wo haben Sie Stärken? Was können andere nicht so gut wie Sie? Was haben Sie im Beruf erreicht, was spricht für Ihre Kompetenz? Denken Sie auch an das Privatleben: Worauf können Sie hier stolz sein? Haben Sie jemandem geholfen, oder ist es Ihnen gelungen, sich endlich einmal deutlich abzugrenzen...?

Lassen Sie sich Zeit, um in Ruhe nachzudenken. Sie werden sehen, es kommt einiges zusammen.

☞ Tipp

Schreiben Sie künftig nicht erst alle vier Wochen, sondern am besten täglich oder mindestens einmal wöchentlich die kleinen und großen Erfolgserlebnisse im Berufs-, aber auch Privatleben auf, damit keiner Ihrer Erfolge verloren geht bzw. in Vergessenheit gerät.

Damit es nicht bei guten Vorsätzen bleibt

Vielleicht sind Sie nach den verschiedenen Übungen jetzt voller guter Vorsätze. Möglicherweise haben Sie sich vorgenommen, künftig mutiger zu sein, sich mehr zuzutrauen, mehr Risiken einzugehen, die Angst vor Fehlern zu reduzieren... Gut! Aber die Sache hat natürlich einen Haken: Oft bleibt es bei den Vorsätzen – wie bei den zum Jahresende beschlossenen Plänen, die ein paar Tage oder Wochen später schon wieder vergessen und von alten Gewohnheiten eingeholt werden. Ein Grund dafür ist, dass man sich aus einer Laune heraus plötzlich etwas vornimmt, ohne voll dahinter zu stehen. Besser ist es, sich ganz bewusst für ein solches Ziel zu entscheiden und es schriftlich festzuhalten. Denn Schriftliches hat einen größeren Aufforderungscharakter. Man kann es nicht so schnell vergessen. (Mehr zum Thema *Zielsetzung* im Kapitel Zeit- und Selbstmanagement, ab Seite 147). Hinzu kommt, dass man sich beim Aufschreiben noch mal konkret mit dem Vorhaben auseinander setzt. Aus dieser Überlegung ist folgende Übung entstanden.

Übung: Brief an sich selbst

Dauer: ca. eine halbe bis eine Stunde
Was Sie benötigen: Stift, Papier, Briefumschlag, Briefmarke
Gruppengröße: allein
So geht's: Schreiben Sie einen Brief an sich selbst! Lassen Sie sich das in diesem Kapitel Gelesene noch einmal durch den Kopf gehen, überlegen Sie, was Ihnen gut gefällt, was Ihnen gut gelingt, wo Ihre Stärken sind und an welchen Punkten Sie besonders an sich arbeiten wollen. Wo gibt es bei Ihnen Handlungsbedarf? Was muss sich ändern, damit Sie *selbst-bewusster* und damit zufriedener leben?

Welche Schritte nehmen Sie sich vor, um diesen Zielen näher zu kommen? Machen Sie es so konkret wie möglich, um auch überprüfen zu können, ob Sie wirklich auf dem richtigen Wege sind.

Schreiben Sie also nicht: »*Ich will künftig mutiger sein*«, sondern:

»*Wenn mich Kollegin X das nächste Mal wieder wie so oft um einen Gefallen bittet, und ich selber wenig Zeit habe, erlaube ich mir, nein zu sagen.*«

Oder: »*In zwei Wochen ist der runde Geburtstag meiner Freundin. Ich werde dort eine Rede halten.*«

Oder: »*Bist zum... werde ich den längst fälligen Gesprächstermin mit meinem Chef wegen einer Gehaltserhöhung vereinbaren...*«

Denken Sie daran, mit diesen Zeilen wollen Sie ermutigen – schließlich schreiben Sie an eine gute Freundin, einen guten Freund: sich selbst.

Wenn Sie fertig sind, stecken Sie den Brief in einen Umschlag, adressieren ihn an sich selbst, kleben eine Briefmarke drauf und geben den Brief einem vertrauten Menschen, der das Schreiben in vier Wochen an Sie schickt.

Sie können natürlich auch den Brief zur Seite legen und ihn nach vier Wochen wieder hervorholen, um sich noch einmal das Aufgeschriebene vor Augen zu führen und sich selbst zu überprüfen: Bin ich noch auf dem richtigen Weg oder drohe ich, in die alten Gewohnheiten zurückzufallen?

Diese Übung bietet eine gute Möglichkeit der Selbstüberprüfung und der Selbstmotivation.

Die wichtigsten Tipps für das Selbstvertrauens-Training

- Kommen Sie Ihrem inneren Kritiker auf die Schliche und machen Sie ihm das Leben so schwer wie möglich.
- Halten Sie sich an Mut machende Glaubenssätze, verbannen Sie die alten, demotivierenden aus Ihrem Leben!
- Betreiben Sie inneren Hausputz. Erkennen Sie, was Ihnen gut tut, und sorgen Sie dafür, mehr davon zu bekommen. Meiden Sie unnötige Belastungen.
- Nehmen Sie sich und Ihre Bedürfnisse ernst. Sagen Sie öfter nein, wenn Ihnen danach ist.
- Seien Sie sich selbst Freund oder Freundin. Gehen Sie freundlich mit sich um. Loben Sie sich, seien Sie nachsichtig, wenn etwas mal nicht so gelaufen ist, wie Sie es sich vorgestellt haben. Lassen Sie nicht zu, dass Ihr innerer Kritiker das Wort an sich reißt.
- Erlauben Sie sich Fehler. Niemand ist perfekt. Und wenn Sie mal einen Fehler gemacht haben, sind Sie trotzdem noch ein toller Mensch.
- Entdecken Sie Ihre positiven Eigenschaften. Legen Sie ein Erfolgstagebuch an.
- Gehen Sie Risiken ein, wagen Sie Neues, nehmen Sie Herausforderungen an.
- Lenken Sie Ihren Blick auf die Magic Moments in Ihrem Leben.
- Überprüfen Sie immer wieder, ob Sie sich an Ihre neuen Ziele halten. Sie wissen: Der Mensch ist ein Gewohnheitstier und rutscht schnell wieder in alte Verhaltensmuster. Lassen Sie es nicht dazu kommen.

Kommunikation – verstehen und verstanden werden

Notieren Sie: Was fällt Ihnen zu dieser Abbildung ein? Was sehen Sie?

_____

_____

_____

_____

Fragen Sie nun spontan einen Kollegen, Freund, Partner, wer auch immer in Ihrer Nähe ist, welche Assoziationen er oder sie hat.

Was fällt auf? Wahrscheinlich kommen mehrere Begriffe zusammen, und je mehr Leute Sie fragen, desto länger wird die Liste.

Wie funktioniert Verständigung – oder auch nicht?

Eine Zeichnung, ein Symbol, ein Wort kann unterschiedliche gedankliche Verknüpfungen hervorrufen. Kein Wunder also, dass Missverständnisse in der täglichen Kommunikation quasi vorprogrammiert sind.

Im Idealfall verläuft Kommunikation so: Jemand (= Sender) sagt etwas – das Gegenüber (= Empfänger) versteht die Aussage genau so, wie sie vom Sender gemeint war. Die Realität sieht leider anders aus. So reibungslos verläuft der verbale Austausch nur selten.

Die Gesprächspartner teilen ein mehr oder weniger gemeinsames Sprachwissen (= sprachlicher Code) und auch ein so genanntes Weltwissen. Damit sind Vorstellungen über bestimmte Sachverhalte, Werte, Erfahrungen gemeint. Aufgrund dieses gemeinsamen Wissens (Zeichenvorrat) ist es überhaupt möglich zu verstehen, was der andere gemeint haben könnte. Allerdings ist dieser Zeichenvorrat, also das gemeinsame Wissen, nicht absolut deckungsgleich, schließlich haben die einzelnen Personen zum Teil unterschiedliche Erfahrungen gemacht, haben andere Wertvorstellungen etc. Daher sind es meist nur Teile, gewissermaßen Schnittmengen, die die Sprecher miteinander teilen, wie folgendes Modell zeigt.

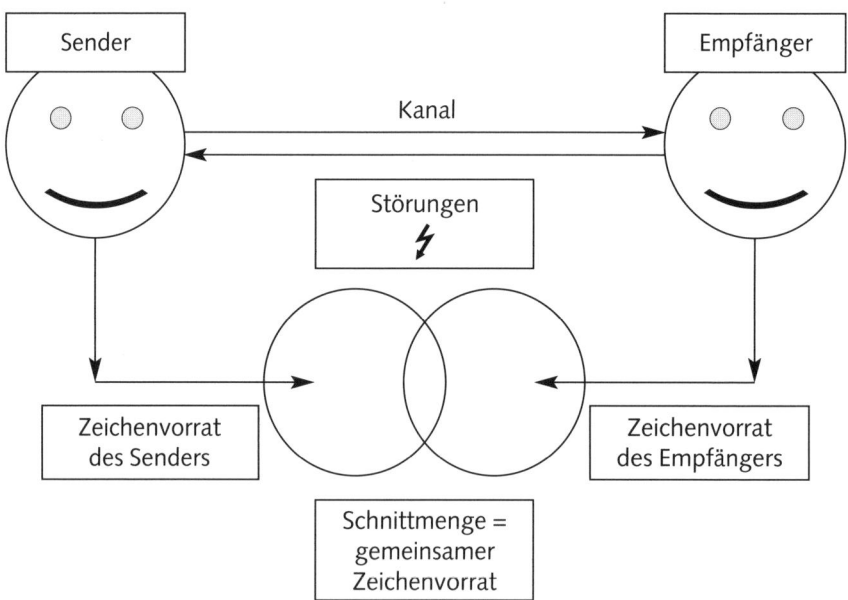

Je größer diese Schnittmengen, desto größer die Wahrscheinlichkeit, dass die Kommunikation ideal verläuft. Wenn sie sehr klein sind, werden die Teilnehmer einer Kommunikation die gegenseitigen Äußerungen ganz unterschiedlich deuten.

Erschwerend kommt hinzu, dass – wie der Kommunikationspsychologe Friedemann Schulz von Thun erkannte – »ein und dieselbe Nachricht stets viele Botschaften gleichzeitig enthält.«[6]

Die vier Seiten einer Nachricht

Schulz von Thun unterscheidet zwischen vier Seiten einer Nachricht:

- Sachinhalt (= worüber ich informiere)
- Selbstoffenbarung (= was ich von mir selbst kundgebe)
- Beziehung (= was ich von meinem Gegenüber halte und wie wir zueinander stehen)
- Appell (= wozu ich mein Gegenüber veranlassen möchte)

Was der Kommunikationsexperte genau damit meinte, möchte ich Ihnen an einem einfachen Beispiel demonstrieren.

Stellen Sie sich vor, Ihr Kollege sagt Folgendes zu Ihnen:

»Immer muss ich mich mit dem schwierigen Kunden herumschlagen.«

Die vier Aspekte der Aussage könnten folgendermaßen lauten:

- *Sachinhalt:* Er sagt, dass er erneut mit einem schwierigen Kunden zu tun hat.
- *Selbstoffenbarung:* Ihr Kollege ärgert sich, dass immer er diesen Kunden übernehmen muss (»Immer ich!«). Vielleicht fühlt er sich benachteiligt, weil andere Kollegen das nicht tun müssen und angenehmerer Arbeit nachgehen können.
- *Beziehung:* Vielleicht ist das eine Kritik an Ihnen, weil er meint, Sie seien nicht in der Lage, sich um einen solch schwierigen Kunden zu kümmern. Das heißt, er bringt damit zum Ausdruck, dass er von Ihnen und Ihren Fähigkeiten nicht viel hält, sonst könnten Sie ja die Aufgabe übernehmen. Aber so...

- *Appell:* Möglicherweise steckt hinter der Aussage der Appell an Sie: »Nimm mir doch den schwierigen Kunden ab, schließlich bist du auch mal dran!«

Allein eine so simple Aussage wie »*Immer muss ich mich mit dem schwierigen Kunden herumschlagen*« bietet unterschiedliche Interpretationsmöglichkeiten. Für Kommunikation allgemein bedeutet das: Nicht was ich sage und denke ist ausschlaggebend, sondern wie die an der Kommunikation beteiligte Person meine Aussage interpretiert (und umgekehrt).

Um das Bewusstsein dafür zu schärfen, versuchen Sie sich doch einmal an folgender Übung.

Übung: Die vier Ebenen in der Kommunikation

Dauer: ca. 10 Minuten
Was Sie benötigen: Stift
Gruppengröße: allein oder in der Gruppe (3–4 Personen)
So geht's: Tragen Sie zu jedem der vier Beispielsätze in die unten stehende Tabelle ein, wie die Sätze gemeint sein können – jeweils auf der Sachebene, der Beziehungsebene, der Selbstoffenbarungsebene und der Appellebene.

Die Aussagen des Senders lauten:
1) »*Erna, das Bier ist alle!*«
2) »*Sie sind ja ein/-e feine/-r Kollege/-in!*«
3) »*Weißt du, wie spät es ist?*«
4) »*Vor unserem Urlaub habe ich noch so viel zu tun.*«

Sachebene	Appell
1)	1)
2)	2)
3)	3)
4)	4)
Selbstoffenbarung	Beziehung
1)	1)
2)	2)
3)	3)
4)	4)

Haben Sie für alle Aussagen Deutungsmöglichkeiten gefunden? Zum Vergleich finden Sie *Vorschläge* auf Seite 201.

Erwiesenermaßen haben die meisten Empfänger gerade für die Beziehungsseite einer Nachricht ein sehr sensibles Ohr. Schulz von Thun: »Denn hier fühlt er sich als Person in bestimmter Weise behandelt (oder misshandelt).«[7] Die Gesprächspartner hören ganz genau hin, um herauszufinden, was der andere über einen denkt, ob er sein Gegenüber wertschätzt, ob er ihm wichtig ist. Man versucht den Aussagen Informationen über die Beziehung zu entnehmen. Man prüft z. B., ob es eine Gleichberechtigung gibt, oder der eine dem anderen übergeordnet ist. Wenn die Hierarchie klar ist, muss diesem Rangunterschied Rechnung getragen werden, sonst könnte es zu Missstimmungen kommen. Beispiel: Wenn ein Kollege dem anderen eine Anweisung gibt, kann es sein, dass sich der andere heftig auf den Schlips getreten fühlt, nach dem Motto: »*Wer ist er, dass er mir sagen kann, was ich zu tun habe.*« Anders verhält es sich, wenn der Chef dasselbe zu einem Untergebenen sagt.

Wenn die Sachlichkeit auf der Strecke bleibt

Wenn die Beziehung zwischen Kommunikationspartnern gestört ist, wird man – so sehr man sich auch bemüht – nicht sachlich bleiben. Ein typisches Zeichen, dass es nicht mehr um die Sache geht, wenn Sachgespräche mit Beziehungs-Stecknadeln,[8] also Aussagen gespickt sind wie »... *wie Sie eigentlich wissen müssten*...«, »*Sie hätten aber wenigstens dieses oder jenes tun können*...«, »*Mich wundert doch sehr, wie Sie*...«. Hier herrscht Spannung und Sachlichkeit hat kaum eine Chance, weil es immer wieder Störsignale gibt. Mit anderen Worten: Wenn Sach- und Beziehungsebene fast unentwirrbar miteinander verflochten sind, hat man eigentlich nur noch eine Wahl: Die Sachauseinandersetzung erst mal auszusetzen und die Beziehungsebene zu klären. Also Fragen zu stellen: Wie gehen wir miteinander um? Wie ist die Beziehung zwischen den Beteiligten? Was sind Gründe für das aggressive, unfreundliche, destruktive, distanzierte ... Umgehen miteinander?

Eine schwierige Lage. Und ein Grund mehr, sich von Anfang an in Gesprächen darum zu bemühen, möglichst sachlich und wertfrei zu kommunizieren.

Wie schwierig es ist, auf der Sachebene zu bleiben, zeigt folgende Übung sehr deutlich, in der es um möglichst wertungsfreie Kommunikation geht.

Übung: Objektivität und Subjektivität

Dauer: 5 Minuten
Was Sie benötigen: Zeitungen und Zeitschriften mit Fotos
Gruppengröße: 4 bis 8 Personen
So geht's: Jeder Mitspieler sucht in Zeitungen/Zeitschriften nach Fotos von Menschen, wählt zwei aus und schneidet diese aus.

Dann beginnt der Erste in der Runde, die abgebildete Person zu beschreiben. Die anderen Gruppenmitglieder dürfen das Foto nicht sehen.

Wichtig bei der Beschreibung des Bildes: So sachlich wie möglich bleiben. Wertungen, Meinungen, subjektive Einschätzungen (wie »*sieht sehr attraktiv aus*«, »... *hat ziemlich große Ohren*«, »... *scheint ein erfolgreicher Geschäftsmann zu sein* ...«) sind nicht erlaubt. Die Aufgabe für die Zuhörer: Sie sollen sich ein möglichst exaktes Bild von der beschriebenen Person machen. Wenn sich der Bildbeschreiber doch einmal wertend äußert, dürfen Sie ihm das sofort mitteilen. Hat er die Beschreibung beendet, zeigt er das Foto allen. Nun wird verglichen, welche Vorstellungen die Einzelnen sich gemacht haben und wie die abgebildete Person tatsächlich aussieht. Danach ist der oder die Nächste mit der Beschreibung dran.

In der anschließenden Diskussion zeigt sich, wie schwer es fällt, sich von seinen persönlichen Meinungen zu lösen und dass großes Augenmerk auf den Austausch mit anderen gelegt werden muss.

Sehr unterhaltsam und lehrreich ist es, wenn Sie nach einem Durchlauf die Übung umkehren. Nun nimmt der erste Teilnehmer sein zweites Foto und beschreibt es – diesmal aber sind ausdrücklich alle Meinungen und Wertungen erlaubt. Er kann seinen subjektiven Eindruck wiedergeben. Beim anschließenden Vergleich (Vorstellung und Realität) wird man feststellen, dass es hier weniger Übereinstimmungen gibt als zuvor.

Aktives Zuhören

Was lässt sich noch tun, damit es trotz all der Möglichkeiten von Kommunikationsstörungen und Missverständnissen zu einem gelungenen Austausch kommt? Dazu gehört vor allem eins: aktives Zuhören. Damit ist die Fähigkeit gemeint, die Aussage eines Gegenübers zu verstehen und wiederzugeben.

Warum ist aktives Zuhören so wichtig?

Sie vermitteln dadurch ihrem Gegenüber, dass Sie ihm Ihre volle Aufmerksamkeit schenken. Er hat das Gefühl, ernst genommen zu werden.

Ein aufmerksamer Zuhörer benötigt eine gute Beobachtungsgabe und Einfühlungsvermögen: Wer den anderen gut beobachtet, ihn ausreden lässt, wer sich in dessen Situation hineinversetzt und wer seine Sicht der Wirklichkeit toleriert, hat die besten Chancen, das Gesagte in dem Sinne zu verstehen, wie es gemeint war.

Um sicherzugehen, dass alles richtig angekommen ist, spiegelt der Zuhörende am besten die Aussagen – das heißt, er gibt mit eigenen Worten wieder, was er verstanden hat. Es soll also nicht nur plump und wortwörtlich genau das wiederholt werden, was der andere gesagt hat, sondern der Zuhörende macht durch eigene Worte klar, dass er verstanden hat, was der Sprecher ausdrücken möchte. Um dies zu verdeutlichen, sind Formulierungen wie folgende hilfreich:

»Ihnen kommt es also darauf an ...«
»Alles in allem heißt das für Sie ...«
»Es scheint dir vor allem um ... zu gehen.«

Oder Sie formulieren vorsichtiger in Frageform:

»Ist es möglich, dass Sie . . . ?«
»Versteh ich dich richtig, wenn . . . ?«
»Ist es richtig, dass . . . ?«
»Liege ich falsch, wenn ich sage . . . ?«

Somit erhält der Sender einen klaren Hinweis darauf, was wie beim Empfänger angekommen ist – für ihn die Möglichkeit der Überprüfung und gegebenenfalls der Korrektur bzw. Beseitigung von Missverständnissen.

Übung: Testen Sie Ihre aktive Zuhörfähigkeit

Dauer: ca. 5 Minuten
Was Sie benötigen: Stift
Gruppengröße: allein
So geht's: Wie gut gelingt es Ihnen, aktiv zuzuhören? Machen Sie den Test. Kreuzen Sie die Antwort bzw. Reaktion an, die Sie für richtig halten. Folgende Gespräche ergeben sich zwischen einem Kollegen und Ihnen:

1) Warum bin ich immer dafür zuständig, neuen Kaffee zu holen?
a) Einer muss es ja tun!
b) Komm reg' dich nicht auf, es gibt wirklich Schlimmeres.
c) Du bist ärgerlich, weil das immer an dir hängen bleibt.

2) Morgen muss ich schon wieder mit dem Kunden sprechen. Der ist so schwierig. Immer ich. Ich will mich nicht schon wieder anmachen lassen.
a) Ach, stell dich nicht so an, ich habe auch schwierige Kunden.
b) Du hast schon mehrmals mit dem Kunden gesprochen und jedes Mal wurde er ausfallend. Du bist jetzt sauer, weil immer, wenn du mit ihm reden auch noch gute Miene zum bösen Spiel machen musst, weil das unser Kunde ist.
c) Ach, keine Sorge. Morgen sieht die Welt schon anders aus!

3) Wenn jetzt noch jemand kommt und etwas von mir will, dann gehe ich!
a) Dich nerven die Unterbrechungen, was?
b) Das ist eben so, wenn viele Leute zusammen arbeiten.
c) Freu dich doch, dass du so wichtig bist!

4) Der Chef hat sich vor den ganzen Kollegen über mich lustig gemacht.
a) Sie haben sich schlecht gefühlt.
b) Du kennst ihn doch. Das macht er mit allen.
c) Er ist eben der Chef. Er kann es sich erlauben.

5) Jeder bitte mich um einen Gefallen. Aber wenn ich Hilfe brauche, ist keiner für mich da.
a) Ach, so oft tust du ja auch nichts für andere.
b) Du fühlst dich im Stich gelassen von den anderen.
c) Selbst schuld. Musst halt auch weniger für die anderen machen.

Reaktionslösungen auf Seite 201.

Lagen Sie richtig? Haben Sie vier- oder gar fünfmal die passende Antwort gefunden und damit Ihre Zuhörfähigkeit unterstrichen?

Bedenken Sie: Es geht aber nicht darum, das Gesagte des Gegenübers zu bewerten, zu analysieren etc. Das Ziel liegt vielmehr darin zu signalisieren: Ich habe das, was du gesagt hast, folgendermaßen verstanden.

Ihre Fähigkeit, aktiv zuhören zu können, unterstreichen Sie durch Blickkontakt, Zustimmung, Nicken, bestätigendes »Mh«, »Ja«, »Genau«, »Versteh ich«. Wichtig ist, sich immer wieder zurückzunehmen und dem Gesprächspartner die Möglichkeit zu geben, in Ruhe einen Gedanken zu formulieren.

Mit offenen Fragen ermutigen Sie Ihren Gesprächspartner weiter zu reden. Leiten Sie Fragen am besten mit »was«, »wie« oder »auf welche Weise« ein:
»Was verstehen Sie unter…?«
»Wie stellen Sie sich das genau vor?«
»Was meinen Sie mit…?«
»Was lässt sich tun, um…?«

Behalten Sie die Selbstoffenbarungs-Seite der Aussage (s. S. 35) im Auge, das heißt, achten Sie auf die mitschwingenden Gefühle, die hinter dem Gesagten stecken. Sprechen Sie versteckte Ich-Botschaften an, z. B. mit Worten wie:
»Du bist sauer, weil du dich immer allein gelassen fühlst…«
»Ich höre aus Ihren Worten, dass Sie…«

Um Ihre Fähigkeit zum aktiven Zuhören zu verbessern, ist folgende Partner-Übung sehr gut geeignet:

Übung: Meinungen wiedergeben

Dauer: ca. 50 bis 60 Minuten
Was Sie benötigen: Diskussionsthema (evtl. aus Zeitschrift, Zeitung)
Gruppengröße: zu zweit
So geht's: Sie beide wählen ein beliebiges Thema. Zum Üben empfiehlt es sich, zunächst ein emotional recht unbeladenes auszuwählen und nicht ein Thema, über das Sie beide sich bereits in die Haare geraten sind.

Vielleicht schauen Sie einfach in die Tageszeitung oder gucken sich das *Spiegel*-Titelthema der Woche an. Und nun unterhalten Sie sich 10 bis 15 Minuten darüber. Am besten die Zeit stoppen.

Danach beginnt einer von Ihnen, die Meinung des Gegenübers möglichst exakt wiederzugeben. Achten Sie dabei darauf, nicht Ihre eigene Meinung einfließen zu lassen oder das Gesagte zu interpretieren. Versuchen Sie sich wirklich nur auf die Fakten zu beschränken, ohne zu werten. Ihr Gegenüber darf sich erst dann zu dem Gesagten äußern, wenn Sie fertig sind. Das heißt, dann wird er/sie sagen, ob Sie alles richtig wiedergegeben haben und was falsch angekommen ist.

Dies ist eine gute Möglichkeit, sich selber zu überprüfen, und man lernt, ganz genau hinzuhören und nicht sofort zu werten.

Anschließend ist Ihr Gegenüber an der Reihe und referiert Ihre Meinung. Hier gilt dasselbe wie für Sie. Sie dürfen erst, wenn Ihr Gegenüber mit den Ausführungen fertig ist, etwas dazu sagen und ggf. richtig stellen.

☞ Tipp

Wenn Sie geübter sind, eignet sich diese Methode auch dafür, aus einem brisanten Thema die Emotionen zu nehmen. Das heißt, beide unterhalten sich über ein konfliktträchtiges Thema nach diesen Regeln (vorher genau abklären!), um dann gegenseitig zu prüfen, was wie verstanden wurde. Mit dieser Technik ist es gut möglich, Missverständnisse früh aus dem Weg zu räumen bzw. – noch besser – gar nicht erst aufkommen zu lassen.

Ich- statt Du-Aussagen

»Du machst immer...«
»Nie hältst du dich an...«
»Du lässt dir ja nie was sagen...«

Was glauben Sie, wie verständnisvoll Ihr Gegenüber auf Sätze reagiert, die Sie so einleiten? Richtig: Diese Diskussion ist von Anfang an zum Scheitern verurteilt. Für ein gutes Gesprächsklima und einen respektvollen Umgang miteinander ist es wichtig, möglichst auf »Du-Aussagen« zu verzichten.

Sie erreichen mit diesen Formulierungen lediglich, dass der andere eine Abwehrhaltung einnimmt und wohl kaum Ihrem Anliegen Gehör schenkt. Wahrscheinlich wird er oder sie sich bevormundet fühlen. Viel erfolgversprechender ist es, in der »Ich-Form« zu sprechen. Der Vorteil: Sie sprechen über sich, was Sie ärgert, bewegt, worüber Sie sich Gedanken machen, ohne den anderen sofort anzugreifen. Sie versenden somit Nachrichten mit einem hohen Selbstoffenbarungsanteil.[9] Anders die »Du-Botschaften«: Sie schieben oft dem anderen die alleinige Verantwortung zu, stecken voller Pauschalierungen oder Interpretationen und bringen den anderen im Nu dazu, mit Widerstand zu reagieren.

Statt zu sagen »*Sie sind immer so empfindlich*«, könnten Sie sich folgenderweise äußern:
»Ich habe häufig Angst, Ihnen zu nahe zu treten. Ich habe den Eindruck, dass Sie sich getroffen fühlen.«

Oder: Statt Ihrem Gegenüber »*Sie sind wohl desinteressiert*« vorzuhalten, formulieren Sie besser: »*Ich habe den Eindruck, dass Sie dieses Thema nicht so interessiert?«*

Wenn Sie von sich und Ihren Gefühlen sprechen, überlassen Sie Ihrem Gegenüber, ob und wie er oder sie darauf reagieren will.
Versuchen Sie jetzt selbst einmal, »Du-« in »Ich-Aussagen« zu verwandeln.

Übung: Ich- statt Du-Botschaften

Dauer: ca. 10 Minuten
Was Sie benötigen: Stift
Gruppengröße: allein
So geht's: Formulieren Sie die folgenden Sätze so um, dass aus den »Du-Aussagen« kommunikationsfreundlichere »Ich-Aussagen« werden.

1) Statt: »*Du wäschst nie die Kaffeetassen ab.*«
Besser:

_____

_____

2) Statt: »*Sie könnten wirklich mal etwas freundlicher zu den Kunden sein.*«
Besser:

_____

_____

3) Statt: »*Du weißt wohl immer alles besser.*«
Besser:

_____

_____

4) Statt: »*Du interessierst dich ja sowieso nicht dafür, was in mir vorgeht.*«
Besser:

_____

_____

5) Statt: »*Mit Ihnen kann man ja nicht reden.*«
Besser:

_____

_____

6) Statt: »*Sie haben das entschieden, ohne mich nach meiner Meinung gefragt zu haben.*«
Besser:

_____

_____

7) Statt: »*Sie verbreiten schlechte Laune.*«
Besser:

_____

_____

8) Statt: »*Deine Belange sind dir immer am wichtigsten.*«
Besser:

_____

_____

Umformulierungsvorschläge auf Seite 202.

Die wichtigsten Tipps für das Kommunikations-Training

- Bedenken Sie: für die erfolgreiche Kommunikation ist nicht das, was ich sage und denke, ausschlaggebend, sondern, wie die an der Kommunikation beteiligte Person meine Aussage interpretiert (und umgekehrt).
- Die meisten Empfänger haben gerade für die Beziehungsseite einer Nachricht ein sehr sensibles Ohr.
- Zur gelungenen Kommunikation gehört vor allem eins: aktives Zuhören.
- Ein aufmerksamer Zuhörer benötigt eine gute Beobachtungsgabe und Einfühlungsvermögen: Wer den anderen gut beobachtet, ihn ausreden lässt, wer sich in seine Situation hineinversetzt und wer seine Sicht der Wirklichkeit toleriert, hat die besten Chancen, das Gesagte in dem Sinne zu verstehen, wie es das Gegenüber auch gemeint hat.
- Um sicherzugehen, dass alles richtig angekommen ist, spiegelt der Zuhörende am besten die Aussagen – das heißt, er gibt mit eigenen Worten wieder, was er verstanden hat.
- Verzichten Sie möglichst auf »Du-Aussagen«, damit sich Ihr Gegenüber nicht bevormundet fühlt. Sprechen Sie in der »Ich-Form« und versenden Sie damit Nachrichten mit einem hohen Selbstoffenbarungsanteil.

Schlagfertigkeit – gekonnt kontern

Ein Mann sagt zu seiner Arbeitskollegin: »*Sie sind wunderschön.*« Daraufhin die Arbeitskollegin: »*Tut mir Leid, aber dieses Kompliment kann ich leider nicht zurückgeben.*« Die Antwort des Mannes: »*Machen Sie es doch wie ich: Lügen Sie einfach.*«

Das ist Schlagfertigkeit. Und davon träumen viele – im rechten Moment die passende Antwort parat zu haben. Doch in der Realität sieht es oft anders aus, wie schon Mark Twain wusste:

»*Schlagfertigkeit ist das, was mir 24 Stunden später einfällt*«, bemerkte er einmal resigniert.

Mark Twain hat es mit diesem Zitat auf den Punkt gebracht, was viele Menschen ganz ähnlich erleben: Da wird einem ein blöder Spruch, eine Beleidigung oder Provokation um die Ohren gehauen – und es fällt einem partout keine Antwort ein, so dass man wie ein begossener Pudel dasteht. Erst Stunden später kommt oft die Erleuchtung. Warum habe ich nicht so gekontert?! Ärgerlich! Aber zu spät. Damit Ihnen das künftig nicht mehr passiert, sollten Sie Ihre Schlagfertigkeit trainieren.

Nicht mehr wie ein begossener Pudel dastehen – dank Schnelligkeit, Überraschung und Frechheit

Viele Menschen glauben, dass Sie nicht schlagfertig sind und es auch nie sein werden. Oft höre ich Sätze wie: »*Dieses Talent wurde mir nicht in die Wiege gelegt.*« Ich halte dagegen: Schlagfertigkeit kann man lernen. Es gehört vor allem eins dazu: Übung. Es geht nicht von heute auf morgen, aber es geht. Vielleicht gelingt es einem nicht, à la Harald Schmidt permanent Schenkelklopfer zu produzieren, über die alle Welt noch Tage später bewundernd spricht. Aber: Sie werden es schaffen, *überhaupt* eine Antwort zu finden. Die ersten Gehversuche in Sachen Schlagfertigkeit sind vielleicht nicht unbedingt preisverdächtig, aber Sie haben das gute Gefühl: Ich habe das nicht mit mir machen lassen, ich habe reagiert, und konnte meinem Ärger Luft machen.

Zur schlagfertigen Antwort gehören drei Kriterien: Sie sollte schnell kommen, überraschend und auch ein bisschen frech sein.

Die Überraschung stellt sich vor allem dann ein, wenn Sie jemand sind, der bislang nicht oder eher selten konterte. Frechheit ist eine Komponente, mit der sich meistens Frauen schwerer tun als Männer. Frauen in meinen Seminaren sagen oft: Ich möchte gerne schlagfertig sein – aber möglichst auf nette Art und Weise. Das Problem ist nur: Wenn Sie zu nett sind, nimmt Sie kein Mensch mehr ernst. Natürlich soll das kein Aufruf sein, nur noch unfreundlich mit den Mitmenschen umzugehen. Aber Sie sollten, wenn Sie wütend sind, sich nicht noch dazu zwingen, gute Miene zum bösen Spiel zu machen. Man darf durchaus ernster gucken, wenn einem danach ist. Dass es Frauen so schwer fällt, mal lauter zu werden, für sich zu kämpfen, hängt auch mit der Erziehung zusammen. Immer wieder wurde ihnen eingebläut, wie man sich als nettes Mädchen und anständige Frau zu verhalten hat – ruhig, lieb, freundlich. Deshalb halten viele lieber den Mund, um den anderen nicht zu verärgern – und ärgern sich statt dessen selber.

Wenn jemand Sie beleidigt, anmacht, provoziert, dann ist das immer eine Art Grenzverletzung. Deshalb gilt es hier, sich zu verteidigen und die angegriffene Souveränität wieder herzustellen. Keine Frage: Dafür braucht man Selbstbewusstsein (siehe Kapitel *Selbstvertrauen*, Seite 13 ff.). Wenn ich mir meiner selbst bewusst bin, traue ich mir zu, eben auch mal frecher zu sein. Ich kann damit leben, dass mich jemand jetzt vielleicht nicht mehr so mag. Als selbstbewusste Frau (und natürlich auch als selbstbewusster Mann) muss ich es nicht allen recht machen.

Die dritte Komponente, die die Schlagfertigkeit ausmacht, ist, wie bereits erwähnt, die Schnelligkeit. Minuten oder Stunden später nützt der beste Konter nichts mehr. Das heißt aber nicht, dass Sie wie aus der Pistole geschossen reagieren müssen. Nehmen Sie sich ein paar Sekunden Zeit, um den Schockzustand zu überwinden. Atmen Sie ein und aus, bauen Sie sich vor Ihrem Gegenüber auf (Stichwort *selbstbewusste Körpersprache*, Seite 70 ff.), setzen Sie eine entschlossene Mimik auf, halten Sie Blickkontakt und lassen Sie dann Ihren Konter folgen.

Diese paar Sekunden sind für Sie ein wertvoller Zeitgewinn. Aber zugegeben: Natürlich ist das immer noch schnell.

Assoziationen

Um Ihre Reaktionszeit zu beschleunigen und eine Grundschnelligkeit herzustellen bzw. diese zu verbessern, bieten sich Assoziationsübungen wie folgende an:

Übung: Schnelles Assoziieren (1)

Dauer: 15 Minuten inklusive Vorbereitung
Was Sie benötigen: Uhr mit Sekundenzeiger, Buch/Zeitschrift, Papier, Behälter
Gruppengröße: allein oder mit mehreren
So geht's: Nehmen Sie ein Buch und tippen Sie blind auf Begriffe. Es spielt keine Rolle, ob es sich um ein Hauptwort, Eigenschaftswort oder Tätigkeitswort handelt. Allerdings sind Füllwörter, Konjunktionen, Pronomen nicht geeignet. Wenn Sie auf ein solches Wort tippen, nehmen sie einfach das links oder rechts daneben stehende.

Schreiben Sie jedes Wort auf ein Papier, falten Sie es und geben es danach in eine Box, Tüte oder Schachtel. Sie sollten 30 bis 36 Begriffe aufschreiben und sammeln.

Dann kann's losgehen: Mischen Sie die Papiere und ziehen Sie jeweils drei heraus. Nun gilt es, einen grammatikalisch sinnvollen Satz zu bilden, in dem alle drei Wörter vorkommen.

Sie haben dafür je 10 Sekunden Zeit. Wenn Sie geübter sind, können Sie das Zeitlimit auf 5 Sekunden reduzieren.

Übung: Schnelles Assoziieren (2)

Dauer: 15 Minuten inklusive Vorbereitung
Was Sie benötigen: Uhr mit Sekundenzeiger, Buch/Zeitschrift, Papier, Behälter
Gruppengröße: allein oder mit mehreren
So geht's: Die Vorbereitung ist genauso wie bei der gerade vorgestellten Übung. Sie greifen ebenfalls in den Behälter, ziehen drei Begriffe und bilden nicht einen Satz, sondern versuchen, daraus eine möglichst originelle Kurzgeschichte zu entwickeln.

Verständlicherweise macht diese Übung in der Gruppe am meisten Spaß, weil man sich wunderbar über die Gedankengänge anderer amüsieren kann. Wem es aber vor allem darauf ankommt, das so genannte Sprechdenken zu verbessern, kann diese Übung auch allein praktizieren.

Übung: Schnelles Assoziieren (3)

Dauer: 5 bis 10 Minuten
Was Sie benötigen: Uhr mit Sekundenzeiger bzw. Stoppuhr, Buch/Zeitschrift
Gruppengröße: ab 5 Personen
So geht's: Aus einem Buch, einer Zeitschrift wird wahllos ein Begriff gewählt. Der Erste in der Reihe soll spontan einen anderen Begriff nennen, der ihm dazu einfällt, dann ist der nächste dran, der wiederum eine Assoziation herstellt zu dem von seinem Vorgänger genannten Wort usw. Um den Druck zu erhöhen, sollte auf die Zeit geachtet werden. Wer länger als vier Sekunden braucht, scheidet aus.

Man kann den Schwierigkeitsgrad auch erhöhen, indem man den Buchstaben vorgibt, mit dem alle Assoziationen beginnen sollen.

Übung: Schnelles Assoziieren (4)

Dauer: 15 bis 20 Minuten
Was Sie benötigen: Uhr mit Sekundenzeiger bzw. Stoppuhr, eine leere Flasche, Karten
Gruppengröße: ab 2 Personen
So geht's: Schreiben Sie wahllos (oder die unten vorgeschlagenen) 15 Adjektive (Eigenschaftswörter) auf jeweils eine kleine Karte oder ein Stück Papier und ordnen Sie alle Begriffe kreisförmig auf dem Fußboden an. In die Mitte wird eine leere Flasche gelegt.

Nun beginnt der erste Mitspieler, die Flasche zu drehen. Er merkt sich den Begriff, auf den die Flasche zeigt, und dreht ein zweites Mal, um einen weiteren Begriff zu erhalten. Nun gilt es, Begriffe zu finden, auf die beide Eigenschaften zutreffen. Auf diese Weise ergibt sich vielleicht die Kombination kalt und weiß: Die Antworten könnten lauten Schnee, Zitroneneis, Iglu.

Heißt die Kombination weich und essbar, wären folgende Antworten möglich: gekochte Nudeln, Kartoffeln, Pudding, Marshmallows, Brei, Weingummi etc.

Jeder hat zehn Sekunden Zeit zum Nachdenken. Für jeden Begriff gibt es einen Punkt. Gewonnen hat, wer am Ende die meisten Punkte gesammelt hat.

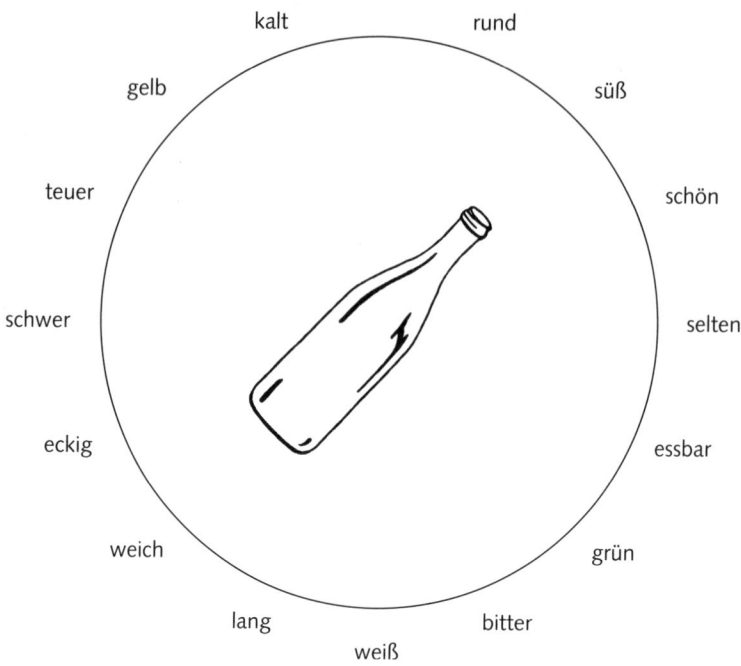

Verschiedene Schlagfertigkeitstechniken

Frechheit – Schnelligkeit – Überraschung – das sind wie gesagt die drei wesentlichen Komponenten, die Schlagfertigkeit ausmachen. Was Sie tun können, um sich einerseits zu trauen, mal frecher und selbstbewusster aufzutreten und andererseits auch schneller in der Reaktion zu werden, habe ich bereits gezeigt. Nun geht es um die dritte Komponente, die Überraschung. Aber keine Sorge! Um Ihr Gegenüber wirklich perplex zu machen, müssen Sie das Rad nicht neu erfinden. Sie können auf bewährte Methoden, die Schlagfertigkeitstechniken, zurückgreifen. Diese sind ein hilfreiches Gerüst, um für den Fall der Fälle den passenden Konter parat zu haben.

Es gibt einfachere Methoden für Einsteiger und etwas schwierigere für Fortgeschrittene.

Notfall-Technik

Eine leicht zu erlernende und deshalb für den Anfang gut geeignete Methode ist die so genannte Notfall-Technik,[10] weil sie Standardantworten bereithält, die so gut wie immer passen und die Sie schlicht auswendig lernen können. Typische Antworten aus dem Bereich der Notfall-Technik sind z. B.:

»Ach was«
»Ja und?!«
»Sagen Sie bloß!«
»Wer hat Sie eigentlich nach Ihrer Meinung gefragt?«

Zugegeben, diese Konter sind nicht gerade brillant, dafür können Sie mit wenigen Worten und geringem Aufwand dem Gegenüber deutlich die gelbe oder je nach Betonung und Auswahl die rote Karte zeigen und damit signalisieren: Mit mir nicht! Mit dieser Technik gelingt es wunderbar, den Angriff des anderen ist Lächerliche zu ziehen oder zu unterstreichen, wie wenig Sie dessen Anmache berührt. Wichtig ist dabei die entsprechende Mimik, besonders passend: ein ironisches Lächeln oder ein abschätzender Blick. Beides sollten Sie unbedingt vorher vorm Spiegel trainieren!

Überhaupt: *Körpersprache* (siehe Seite 70 ff.) ist sehr bedeutend beim gekonnten Kontern. Man schließt aufgrund der nonverbalen Signale auf Ihre innere Sicherheit. Zeigen Sie also Haltung. Stellen Sie sich gerade hin, bauen Sie sich förmlich vor Ihrem Gegenüber auf und lassen Sie dann die Antwort folgen. Das wirkt doppelt: Eine kurze, knappe Retourkutsche ist oft viel effektiver als eine langatmige Erklärung. Wer Sie dumm von der Seite angeht, hat ohnehin kein Interesse am argumentativen Austausch. Hier geht's nicht darum, inhaltlich zu überzeugen, sondern einzig und allein um Signalsetzung.

Stellen Sie sich also vor, der Angriff lautet:
»Sie reden aber auch wieder einen Mist.«
Sie könnten mit der Notfall-Technik lapidar kontern:
»Ach was« oder *»Was Sie nicht sagen«*. Oder noch knapper mit einem schlichten *»Soso«*. Mit einem ironischen Lächeln im Gesicht verstärken Sie die Wirkung dieser knappen Retourkutsche.

Hier noch ein paar Beispiele, mit denen Sie Sprücheklopfer ärgern können:

Angriff: *»Ich glaube nicht, dass Sie diesen Arbeitsplatz noch lange haben werden.«*
Ihr Konter: *»Ihr Humor ist wirklich unschlagbar.«*

Angriff: »*Ich habe das Gefühl, mit Ihrer Einstellung stimmt etwas nicht?*«
Ihr Konter: »*Haben Sie das Leiden schon länger?*«

Angriff: »*In Ihrem Alter war ich schon viel weiter.*«
Ihr Konter: »*Was Sie nicht sagen…*«

Übrigens: Das Ganze zu lesen, ist die eine Sache. Viel besser ist es, selber auszuprobieren und die Aussagen laut zu sprechen. Die folgende Übung gibt Ihnen dazu die Möglichkeit.

Übung: Kontern mit der Notfall-Technik

Dauer: ca. 15 Sekunden
Was Sie benötigen: Stift, Uhr mit Sekundenzeiger bzw. Stoppuhr
Gruppengröße: allein
So geht's: Suchen Sie nach Antworten, die zur Notfall-Technik passen. Denken Sie an simple Formulierungen wie die oben genannten.

1) Angriff: »*Mit Ihnen möchte ich nicht verheiratet sein.*«
Ihr Konter:

_____

_____

2) Angriff: »*Ihre Antworten gefallen mir nicht.*«
Ihr Konter:

_____

_____

3) Angriff: »*Sie machen sich lächerlich.*«
Ihr Konter:

_____

_____

Kontervorschläge finden Sie auf Seite 202.

Rückfrage-Technik

Die eben vorgestellte Notfall-Technik und die Rückfrage-Technik[11] haben eine wesentliche Gemeinsamkeit: Sie sind recht leicht zu merken und anzuwenden. Während es für die Notfall-Technik empfehlenswert ist, ein paar Standardantworten auswendig zu lernen, geht es bei der Rückfrage-Technik darum, erst mal nachzuhaken mit Formulierungen wie:

»Wie kommen Sie darauf?«
»Was bringt Sie zu Ihrer Meinung?«
»Was fehlt denn Ihrer Ansicht nach?«

Der erhebliche Unterschied zur Notfall-Technik liegt vor allem darin, dass die Rückfrage den Versuch darstellt, die Diskussion zu versachlichen und den Ball zurückzuwerfen. Nun ist Ihr Gegenüber an der Reihe, konkret zu werden.

Sie haben sich eine Verschnaufpause verschafft und können in Ruhe Ihre Gedanken sortieren, während der andere auf Ihre Rückfrage reagieren muss.

Noch etwas spricht für diese Technik: Sie können damit überprüfen, ob hinter dem Vorwurf ein wahrer Kern steckt oder ob es sich nur um einen Versuch handelt, bei Ihnen die schlechte Laune abzuladen. Es gibt ja Zeitgenossen, die suchen nur einen Dummen, um den eigenen Ärger loszuwerden. Mit einem Beispiel wird es deutlicher. Der Vorwurf könnte lauten:

»Na ja, Ihre Präsentation gestern war ja nicht so doll.«

Dann sollten Sie auf gar keinen Fall anfangen, sich zu entschuldigen oder gar zu rechtfertigen, mit Worten wie *»Sie wissen doch, dass ich nur wenig Vorbereitungszeit hatte. Eigentlich wollte ich es auch ganz anders machen, aber...«*

Nein, wozu sich wortreich erklären? Erst mal testen Sie, ob Ihr Gegenüber Sie nicht ins Bockshorn jagen wollte und nur Spaß daran hat, Sie zu provozieren. Besser also, Sie fragen zunächst nach, beispielsweise so:

»Was hat Ihnen an meiner Präsentation nicht gefallen?«

Jetzt muss der Kritiker wieder ran. Und wer weiß, vielleicht gehen ihm hier schon die Worte aus. Dann ist das der beste Beweis, dass die Kritik keinen ernsthaften Kern hatte. Sollte er aber mit einer ernst gemeinten Kritik reagieren, ist auch das für Sie hilfreich. Vielleicht können Sie mit dem Feedback etwas anfangen oder Sie selber hatten sogar einen ähnlichen Eindruck, dann wissen Sie, was Sie beim nächsten Mal besser machen können.

Jemand, der Sie nur ärgern möchte, hört vielleicht auch nach Ihrer Rück-

frage nicht sofort auf mit dem Nörgeln und wirft weiter Pauschalierungen in den Raum à la:
»*Ach, na ja, irgendwie war die Präsentation nicht so, wie ich es erwartet hatte.*«
Dann lautet für Sie die Devise: »Schallplatte mit Sprung« spielen, also erneut nachhaken:
Ihre mögliche Rückfrage: »*Was genau hatten Sie erwartet?*«
So leicht kommt Ihnen der Sprücheklopfer nicht davon – das wird er sich bestimmt merken und sich beim nächsten Mal zurückhalten mit pauschalen Vorwürfen, hinter denen nichts steckt.
Nun sind Sie wieder an der Reihe.

Übung: Kontern mit der Rückfrage-Technik

Dauer: ca. 15 Sekunden
Was Sie benötigen: Stift, Uhr mit Sekundenzeiger bzw. Stoppuhr
Gruppengröße: allein
So geht's: Kontern Sie folgende Angriffe mit der Rückfrage-Technik. Notieren Sie, mit welchen Fragen Sie reagieren können.

1) Angriff: »*Ich sehe schwarz für Sie, wenn Sie so weitermachen.*«
Ihr Konter:

_____

_____

2) Angriff: »*Mit Ihnen kann man ja gar nicht reden.*«
Ihr Konter:

_____

_____

3) Angriff: »*Das hätten Sie anders machen sollen.*«
Ihr Konter:

_____

_____

Kontervorschläge auf Seite 202.

Besser-als-Technik

Die Besser-als-Technik[12] ist sowohl als Einsteiger- als auch als Fortgeschrittenen-Technik einsetzbar. Dem Einsteiger gelingt es damit, überhaupt eine Antwort zu finden und nicht wie ein begossener Pudel dazustehen. Für den fortgeschrittenen Techniker ist es eine Herausforderung, nicht nur eine Antwort zu finden, sondern darüber hinaus noch eine möglichst witzige Retourkutsche zu platzieren.

Wie funktioniert die Methode? Wie der Name schon sagt, kontert man mit der »Besser-als«-Konstruktion. Das heißt, ich als Angegriffene/-r leugne nicht, was mir vorgeworfen wird, reagiere auch nicht mit Ignoranz oder Ähnlichem, sondern gebe zu, etwas nicht so gut zu können, bzw. etwas falsch gemacht zu haben etc. Doch jetzt kommt's: Das ist natürlich nichts im Vergleich zu dem, was sich der Angreifer selbst geleistet hat. Genau das »werfe« ich ihm im Konter um die Ohren:

Angriff: »*Sie sind aber ein komischer Vogel.*«
Konter: »*Besser ein komischer Vogel als eine lahme Ente.*«

Angriff: »*Sie sind ja wohl nicht ganz dicht.*«
Konter: »*Besser nicht ganz dicht, als nach allen Seiten offen.*«

In Ihrem Konter nehmen Sie also den Teil des Vorwurfs mit der Besser-als-Konstruktion auf, und dann schieben Sie etwas hinterher, das Sie dem Gegenüber nun ihrerseits vorwerfen. Es kommt übrigens nicht darauf an, ob das wirklich zutrifft. Hauptsache, Sie haben etwas erwidert und damit Ihr Gegenüber überrascht, verblüfft und zum Schweigen gebracht.

Eins darf man nicht vergessen: Schlagfertigkeit ist natürlich kein argumentativer Austausch. Manch einer sagt hier vielleicht, er möchte sich aber nicht auf das Niveau seines Gegenübers hinabbegeben. Das ist nachvollziehbar. Allerdings müssen Sie sich vor Augen halten: In unserer aller Leben gibt es immer wieder Menschen, ich nenne sie Wadenbeißer, die nur zu gern ihre schlechte Laune, ihren Ärger, ihr Genervtsein bei anderen abladen. Denen gilt es, Kontra zu geben, um zu signalisieren, dass sie damit bei Ihnen an der falschen Adresse sind. Der Konter zeigt: Besser, du versuchst es nicht noch einmal. Nicht mehr, aber auch nicht weniger steckt hinter der Schlagfertigkeit. Und genau dieser Effekt ist mit der Besser-als-Technik gut zu erzielen. Dazu gibt es jetzt wieder Übungsmöglichkeiten für Sie:

Übung: Kontern mit der Besser-als-Technik

Dauer: ca. 15 Sekunden
Was Sie benötigen: Stift, Uhr mit Sekundenzeiger bzw. Stoppuhr
Gruppengröße: allein
So geht's: Kontern Sie folgende Angriffe mit der Besser-als-Technik. Notieren Sie, wie Sie reagieren könnten.

1) Angriff: »*Es ist doch immer das Gleiche mit Ihnen.*«
Ihr Konter:

_____

_____

2) Angriff: »*Sagen Sie mal, haben Sie schon wieder zugenommen?*«
Ihr Konter:

_____

_____

3) Angriff: »*Sie sind aber sehr von sich überzeugt.*«
Ihr Konter:

_____

_____

Kontervorschläge finden Sie auf Seite 202.

Ja-ganz-genau-Technik

Wozu dem Angreifer beweisen, dass er Unrecht hat, wozu mit viel Mühe nach Erklärungen oder gar Rechtfertigungen suchen? Sie können es sich viel einfacher machen, indem Sie mit der Ja-ganz-genau-Technik[13] einfach zustimmen. Was soll ich tun?, fragen Sie vielleicht empört. Dem anderen auch noch Recht geben? Stimmt, das klingt zunächst abwegig, aber wenn Sie es einmal ausprobieren, werden Sie die große Verblüffung auf der Gegenseite spüren. Während sich Ihr Kontrahent gerade auf Kampf einstellt, mit Gegenwehr rechnet, sich wegen der Provokation schon ins Fäustchen lachen will, stimmen Sie ihm einfach zu. Wissen Sie, wie ärgerlich das sein kann, wenn man jemanden so richtig provozieren möchte, und der steigt nicht darauf ein? Wagen Sie einen Versuch:

Angriff: »*Du tickst doch nicht mehr richtig!*«
Konter: »*Ja, genau, mit dem Ticken bin ich noch nie so zurechtgekommen.*«

Die Ja-ganz-genau-Technik eignet sich nicht nur für einen wütenden Angriff, sondern gerade dann, wenn jemand sticheln oder Sie ein wenig provozieren möchte. Tun Sie Ihrem Gegenüber also nicht den Gefallen, gehen Sie nicht auf die Palme, bleiben Sie unten und stimmen Sie ihm fröhlich zu:

Angriff: »*Sie interessieren sich wohl nur für Klatsch und Tratsch.*«
Konter: »*Oh ja, das ist aber auch spannend. Wie war das mit dem schwedischen Königshaus...? Wissen Sie was Neues...?*«

Angriff: »*Mein Gott, Sie vertragen ja viel Alkohol!*«
Konter: »*Oh, danke! Das ist wirklich eine Stärke.*«

Übung: Kontern mit der Ja-ganz-genau-Technik

Dauer: ca. 15 Sekunden
Was Sie benötigen: Stift, Uhr mit Sekundenzeiger bzw. Stoppuhr
Gruppengröße: allein
So geht's: Versuchen Sie, Konter zu finden nach der Ja-ganz-genau-Technik.

1) Angriff: »*Das was Sie erzählen, das interessiert doch keine Sau.*«
Ihr Konter:

___

___

2) Angriff: »*Das ist ja mal wieder typisch für Sie.*«
Ihr Konter:

___

___

3) Angriff: »*Wie sehen Sie heute schon wieder aus!*«
Ihr Konter:

_____

_____

Kontervorschläge finden Sie auf Seite 202.

Um die Ja-ganz-genau-Technik wirkungsvoll anwenden zu können, braucht man schon eine gute Prise Gelassenheit. Zugegeben, nicht so leicht, wenn man innerlich kocht. Schließlich zeigt man – zumindest nach außen hin –, dass einen nichts erschüttern kann, ja, die Welt einfach schön ist.

Um sich auf derlei Situationen vorzubreiten und aus eigentlich provokativ bzw. negativ gemeinten Bemerkungen noch das Positive rauszufiltern, ist folgende Übung hilfreich.

Positives Denken

Die Ja-ganz-genau-Technik basiert – zumindest nach außen hin – auf positivem Denken – nach dem Motto: Ich nehme alles als Kompliment. Was bringt den anderen mehr auf die Palme, wenn Sie sich einfach nicht provozieren lassen? Genau in die gleiche Kerbe schlagen Sie mit der Übung »Positiv umformulieren«. Hierbei geht es darum, Wörter mit negativem Beigeschmack in positive Begriffe umzuwandeln.

Beispiel: Demnach wird aus »schwierig« z. B. »herausfordernd«; aus »sehr alt« machen Sie »sehr erfahren«; aus »unerfahren« wird »sehr motiviert« usw. Wozu das Ganze? Wenn Sie das Umformulieren regelmäßig üben, wird es Ihnen leichter fallen, Anmachen oder Beleidigungen mit negativen Formulierungen im Nu mit der Ja-ganz-genau-Technik in Komplimente umzuwandeln. Wenn also der gegen Sie gerichtete Vorwurf heißt:

»*Du sprichst immer so laut*«,

könnten Sie – positiv um die Ecke gedacht – reagieren mit

»*Danke für das Kompliment. Ich weiß, dass mich immer alle sehr gut verstehen können.*«

Sie sehen, es kann nicht schaden, intensiv das positive Formulieren zu trainieren.

Übung: Positiv umformulieren

Dauer: ca. 10 Minuten
Was Sie benötigen: Stift, Uhr mit Sekundenzeiger bzw. Stoppuhr
Gruppengröße: allein
So geht's: Notieren Sie, wie sich folgende Begriffe positiv umformulieren lassen.

1) verlieren   _____
2) dick   _____
3) perfektionistisch   _____
4) langsam   _____
5) unnormal   _____
6) Problem   _____
7) naiv   _____
8) kitschig   _____
9) leichtsinnig   _____
10) Vorwurf   _____
11) planlos   _____
12) radikal   _____
13) empfindlich   _____

Lösung siehe Seite 203.

Konter kontra Killerphrasen

Nicht immer ist es allerdings angebracht, mit sonnigem Gemüt über jede Form der Anmache, Bemerkung oder gar Beleidigung hinwegzugehen. Generell gilt ohnehin: Setzen Sie nicht ständig auf ein und dieselbe Technik. Wer immer nur auf die gleiche Art und Weise kontert, wird bald feststellen, dass die Wirkung nicht mehr dieselbe ist wie zu Beginn. Ein gewisser Verschleiß stellt sich ein. Gerade wenn es auch noch andere Zuhörerinnen und Zuhörer gibt – z. B. bei Diskussionsveranstaltungen, Konferenzen, Meetings, darf es schon etwas abwechslungsreicher sein.

Bei derlei Zusammentreffen gibt es eine Reihe von Gelegenheiten, die eigene Konterkunst zu beweisen. Wie ich beim Thema *Zeit- und Selbstmanagement* (siehe Seite 159) zeige, wird die meiste Zeit bei Besprechungen nicht zur Problemlösung genutzt, sondern um Befindlichkeiten auszutauschen, zur Selbstdarstellung – ja, auch zur Provokation.

Ganz besonders häufig anzutreffen ist eine Sorte von wenig zuträglichen Bemerkungen – die Killerphrasen. Das sind laut Duden »leere, nichtssagende Äußerungen«, was aber viele Diskussionsteilnehmer und -teilnehmerinnen nicht davon abhält, darauf zurückzugreifen. Phrasendrescher wollen sich nicht konstruktiv mit dem Inhalt des vorher Gesagten beschäftigen, sondern durch Pauschalierungen die Gegenseite emotional treffen. (*»Das sind doch Fantastereien«*, *»Gar nicht praktikabel...«*, *»So kann man an die Sache gar nicht herangehen.«*) Wer Killerphrasen einsetzt, hat kein Interesse am argumentativen Austausch. Es geht darum, dem anderen eins auszuwischen, ihn zu provozieren oder zum Schweigen und letztlich aus dem Konzept zu bringen. Kurz: die Diskussion abzutöten.

Sie sind auf verlorenem Posten, wenn Sie versuchen, auf Killerphrasen-Angriffe ernsthaft und argumentativ einzugehen, denn diese Bemerkungen spielen sich auf der emotionalen Ebene ab, wie folgendes Beispiel zeigt:

Killerphrasen-Vorwurf: »*Sie wissen wohl immer alles besser!*«
Ernsthafte Antwort: »*Nein, natürlich weiß ich nicht immer alles besser. Nicht, dass Sie mich da falsch verstehen. Ich hatte nur gedacht, vielleicht könnten wir... Ich habe viele Erfahrungen gesammelt als..., z.B. war ich für drei Jahre in New York. Anschließend habe ich... Meine Arbeitsergebnisse wurden immer sehr anerkannt...*«

Wer auf eine platte Killerphrasen-Bemerkung ernsthaft einsteigt, hat schon verloren. Der andere wird sich – zumindest gedanklich – die Hände reiben. Denn Sie begeben sich sehr leicht in eine unterlegene Position – erst recht, wenn Sie beginnen, detailliert zu erklären, sich zu rechtfertigen, womöglich noch zu entschuldigen. Dabei gibt es dafür keinen Grund. Damit zeigen Sie nur, dass vielleicht an dem Pauschalvorwurf etwas dran ist, denn Sie reagieren sehr ausführlich, wirken dadurch getroffen. Mit anderen Worten: Die Killerphrase hat ihr Ziel, Sie emotional zu verunsichern, erreicht. Zu allem Überfluss entsteht bei anderen Zuhörerinnen und Zuhörern unter Umständen der Eindruck, dass an dem Vorwurf doch was dran sein könnte: Wer so lange darüber spricht, was er alles kann und gelernt hat, meint vielleicht am Ende wirklich, dass er alles besser weiß...? Möglich auch, dass die anderen in der Runde sich gestört fühlen, weil man durch Ihre ausführlichen Erläuterungen immer mehr vom eigentlichen Thema abkommt. Dann sind anstelle des Phrasendreschers urplötzlich Sie in der Rolle desjenigen, der eine konstruktive Diskussion verhindert.

Bei Killerphrasen weitaus erfolgversprechender ist ein schlagfertiger Konter, der dem Gegenüber signalisiert: »*Freundchen, nicht mit mir!*«

Weisen Sie ihn mit einer entsprechenden Reaktion in seine Schranken, um dann inhaltlich wieder an das eigentliche Thema anzuknüpfen.

Es bleibt Ihrem Geschmack und der Art der Killerphrase überlassen, ob Sie mit Witz bzw. Ironie, einer Rückfrage, Schärfe oder einer deutlichen Benennung reagieren.

Killerphrasen-Konter mit Witz/Ironie

Ein witziger Konter kann eine angespannte Lage sehr entspannen. Wenn Sie so reagieren, haben Sie einerseits ein Signal gesetzt ohne jedoch die Gesprächsatmosphäre zu belasten. Beim Konter mit Ironie geht es schon meist mehr zur Sache – in der Regel eine sehr wirkungsvolle Variante. Sowohl Ironie als auch Witz im Konter drücken vor allem eins aus – Ihre Gelassenheit und Souveränität. Beispiel: Sie hören die Killerphrase
»*Sie wissen wohl immer alles besser!*«

Sie könnten auf folgende Weise reagieren:
»*Einer muss es ja.*«
Oder:
»*Nicht immer, aber immer öfter.*«

Wenn Sie dann noch ein Lächeln an den Tag legen, kommt Ihre ganze Überlegenheit wunderbar zum Ausdruck. Sie zeigen mit dem kurzen Konter, dass Sie nicht gewillt sind, Energie zu verschleudern, indem Sie sich ernsthaft mit diesem Spruch beschäftigen.

Wenn Sie jetzt einwenden, dass Sie diese Form des Konters für recht schwer halten, würde ich darauf mit einem entschiedenen »Jein« reagieren. Einerseits haben Sie Recht. Auf eine blöde Phrase erstens schnell und dann auch noch witzig zu reagieren, ist nicht einfach. Andererseits: Killerphrasen sind ziemlich stereotyp und die meisten auch recht bekannt. Da bedeutet für Sie: Auf viele Floskeln kann man sich gut vorbereiten. Legen Sie sich also etwas zurecht, wenn es wieder heißt:

»*Das haben wir aber noch nie so gemacht!*«
Ihr Konter könnte lauten: »*Dann wird es aber höchste Eisenbahn, dass wir das endlich tun!*«

Eine weitere typische Killerphrase heißt:
»*Das war schon immer so.*«
Ihre Reaktion könnte wie folgt ausfallen:
»*Dann würde ich doch sagen: Weg mit den alten Zöpfen. Hier muss sich endlich was ändern!*«

Wenn Sie es etwas ironischer mögen, eine alternative Reaktionsmöglichkeit:
»*Okay. Einverstanden! Zurück auf die Bäume!*«

Genug der Erklärerei. Am besten probieren Sie es gleich einmal selber aus:

Übung: Killerphrasen mit Witz/Ironie kontern

Dauer: ca. 20 Sekunden
Was Sie benötigen: Stift, Uhr mit Sekundenzeiger bzw. Stoppuhr
Gruppengröße: allein
So geht's: Jetzt sind Sie am Drücker. Zeigen Sie dem anderen, dass Sie seine Killerphrasen nicht allzu ernst nehmen, indem Sie witzig/ironisch reagieren. Was fällt Ihnen zu folgenden Beispielen ein?

Killerphrase 1: »*Die Frage kann man so nicht stellen.*«
Ihr Konter:

_____

_____

Killerphrase 2: »*Sie sehen das falsch.*«
Ihr Konter:

_____

_____

Killerphrase 3: »*Ich weiß schon, wie das endet.*«
Ihr Konter:

Konter-Vorschläge auf Seite 203.

Killerphrasen-Konter als Rückfrage

Die oben bereits erwähnte Rückfrage stellt den Versuch dar, die Diskussion zu versachlichen und den Ball zurückzuwerfen (siehe auch *Rückfrage-Technik*, Seite 53 f.). Sie ist daher auch gut geeignet, um damit auf Killerphrasen zu reagieren. Beispiel: Der Killerphrasen-Vorwurf lautet:
»*So kann man das ja nicht machen.*« Dann drängt sich die Rückfrage-Technik geradezu auf:
Konter: »*Wie kann man es denn machen?*«

Übung: Killerphrasen mit Rückfragen kontern

Dauer: ca. 20 Sekunden
Was Sie benötigen: Stift, Uhr mit Sekundenzeiger bzw. Stoppuhr
Gruppengröße: allein
So geht's: Finden Sie Rückfragen, mit denen Sie auf folgende Killerphrasen reagieren können:

Killerphrase 4: »*Das ist doch organisatorisch gar nicht zu bewältigen.*«
Ihr Konter:

Killerphrase 5: »*Das bringt doch alles nichts.*«
Ihr Konter:

Killerphrase 6: »*Theoretisch klingt das gut, praktisch lässt sich das nicht umsetzen.*«
Ihr Konter:

_____

_____

Konter-Vorschläge auf Seite 203.

Killerphrasen-Konter mit Schärfe

Eines muss Ihnen klar sein, wenn Sie scharf reagieren: Sie haben dem Gegenüber zwar die Grenzen aufgezeigt, eine solche Antwort kann aber die Auseinandersetzung unter Umständen zum Eskalieren bringen. Und damit ist der Diskussion ebenso wenig wie mit dem Phrasendreschen gedient. Also: wenn möglich, besser auf die anderen Killerphrasen-Techniken ausweichen. Kann Ihr Gegenüber aber das Provozieren gar nicht lassen und Sie meinen, es müssen ihm deutlich die Grenzen aufgezeigt werden, dann greifen Sie zu dieser Technik der härteren Gangart:

Angriff: »*Sie glauben wirklich, dass Sie das beurteilen können?*«
Reaktion: »*Im Gegensatz zu Ihnen setze ich nicht auf Glauben, sondern auf Wissen.*«

✐ Übung: Killerphrasen mit Schärfe kontern

Dauer: ca. 20 Sekunden
Was Sie benötigen: Stift, Uhr mit Sekundenzeiger bzw. Stoppuhr
Gruppengröße: allein
So geht's: Finden Sie scharfe Konter auf folgende Killerphrasen:

Killerphrase 7: »*Machen Sie sich nicht lächerlich.*«
Ihr Konter:

_____

_____

Killerphrase 8: »*Wenn Ihr Plan so erfolgversprechend ist, warum hat es dann noch kein anderer gemacht?*«
Ihr Konter:

___

___

Killerphrase 9: »*Sie wissen wohl immer alles besser, wie?*«
Ihr Konter:

___

___

Konter-Vorschläge auf Seite 203.

Killerphrasen-Konter mit Benennung

Es besteht natürlich auch die Möglichkeit, das Kind beim Namen zu nennen und deutlich zu machen, was Sie von derlei Aussprüchen halten. Reaktions-Beispiel:

»*Bitte lassen Sie diese Killerphrasen. Das führt uns in der Diskussion nicht weiter.*«

Sagen Sie deutlich, dass Sie die Reaktion als Killerphrase enttarnt haben und daher nicht bereit sind, ernsthaft darauf einzugehen. Fordern Sie Sachlichkeit.

Übung: Killerphrasen benennen

Dauer: ca. 30 Sekunden
Was Sie benötigen: Stift, Uhr mit Sekundenzeiger bzw. Stoppuhr
Gruppengröße: allein
So geht's: Bringen Sie in Ihrem Konter auf den Punkt, dass Sie die Killerphrasen enttarnt haben:

Killerphrase 10: »*Die anderen werden uns für verrückt erklären.*«
Ihr Konter:

_____

_____

Killerphrase 11: »*Es hat keinen Sinn, da lange drüber zu reden.*«
Ihr Konter:

_____

_____

Killerphrase 12: »*Die Zeit ist zu knapp, um ewig rumzupalavern.*«
Ihr Konter:

_____

_____

Konter-Vorschläge auf Seite 203.

Überblick über die beliebtesten Killerphrasen und die dazu passenden Konter

Killerphrase: »*Das haben wir noch nie so gemacht.*«
Reaktion: »*Dann ist es gut, dass wir nun endlich damit anfangen.*«

Killerphrase: »*Hören Sie auf, das nimmt Ihnen eh keiner ab.*«
Reaktion: »*Warten Sie's ab. Sie werden überrascht sein.*«

Killerphrase: »*Das haben schon ganz andere versucht und nicht geschafft.*«
Reaktion: »*Da werden wir es eben ganz anders machen als die ganzen anderen.*«

Killerphrase: »*Das ist für uns nicht von Interesse.*«
Reaktion: »*Wenn wir den Anschluss nicht verpassen wollen, sollte es das aber.*«

> Killerphrase: »*Die anderen werden dagegen sein.*«
> Reaktion: »*Was halten Sie davon, wenn wir die anderen zunächst einmal fragen, bevor wir vorschnell urteilen?*«
>
> Killerphrase: »*Das ist nicht unsere Aufgabe.*«
> Reaktion: »*Falsche Zeit. Darf ich Sie korrigieren: Imperfekt: Das war nicht unsere Aufgabe.*«
>
> Killerphrase: »*Mein Gott, nun regen Sie sich doch nicht so auf!*«
> Reaktion: »*Haben Sie etwa Angst vor Emotionen?*«
>
> Killerphrase: »*Das ist ja mal wieder typisch für Sie.*«
> Reaktion: »*Danke, ich weiß, dass ich eine klare Linie verfolge.*«
>
> Killerphrase: »*Sie haben doch keinen blassen Schimmer!*«
> Reaktion: »*Stimmt. Ich halte auch mehr von exakten Erkenntnissen.*«
>
> Killerphrase: »*Von Ihnen kommt doch immer das Gleiche!*«
> Reaktion: »*Seien Sie froh, dass es mit mir keine bösen Überraschungen gibt.*«

Die wichtigsten Tipps für das Schlagfertigkeits-Training

- Zur schlagfertigen Antwort gehören drei Kriterien: Sie sollte schnell, überraschend und auch ein bisschen frech sein.
- Schnell zu kontern heißt nicht, wie aus der Pistole geschossen sofort zu reagieren. Nehmen Sie sich ein paar Sekunden Zeit, um den Schockzustand zu überwinden. Atmen Sie ein und aus, bauen Sie sich vor Ihrem Gegenüber auf, setzten Sie eine entschlossene Mimik auf, halten Sie Blickkontakt und lassen Sie dann Ihre Reaktion folgen.
- Mit Assoziationsübungen lässt sich eine Grundschnelligkeit herstellen bzw. verbessern.
- Nutzen Sie die Schlagfertigkeitstechniken, um überraschend zu kontern.

- Legen Sie die Messlatte nicht zu hoch. Versuchen Sie zunächst einmal, *überhaupt* eine Antwort zu finden.
- Legen Sie sich Standardantworten zurecht. Gerade auf Killerphrasen kann man sich gut vorbereiten, da die meisten bekannt sind.
- Üben Sie regelmäßig. Hören Sie hin, wenn auch andere mal provoziert oder angemacht werden. Überlegen Sie, wie Sie reagieren würden.

Präsentation – sich ins rechte Licht rücken

»Man kann nicht nicht kommunizieren.« So hat der Psychotherapeut und Kommunikationswissenschaftler Paul Watzlawick eine der wichtigsten Kommunikationsregeln auf den Punkt gebracht. Das heißt, selbst wenn ich schweige, drücke ich immer noch etwas aus.

Das Wie ist wichtiger als das Was

Wir sprechen nicht nur mit Worten, sondern auch nonverbal durch Mimik, Gestik, Körperhaltung. Der amerikanische Verhaltensforscher Albert Mehrabian untersuchte, wie sehr die Körpersprache in der Kommunikation »mitmischt«. Er wollte wissen: Wie wirkt eine Botschaft und womit überzeugen wir unser Publikum? Mehrabian fand heraus, dass drei Komponenten entscheidend für die Wirkung einer Aussage sind: Inhalt, Stimme und Persönlichkeit. Was glauben Sie, zu wie viel Prozent die einzelnen Aspekte mitwirken? Das heißt, womit überzeugen wir unsere Zuhörerinnen und Zuhörer am stärksten?

Inhalt = _____ Prozent
Stimme = _____ Prozent
Körpersprache = _____ Prozent

Achtung: Erst tippen, dann weiterlesen!

In einer Reihe von Kommunikationsexperimenten, deren Ergebnisse er 1971 unter dem Titel *Silent Messages* veröffentlichte, kam Mehrabian zu dem Schluss, dass die Wirkung einer Aussage zu 55 Prozent von der Körpersprache (Körperhaltung, Mimik, Gestik), zu 38 Prozent von der Stimme (Tonfall, Deutlichkeit, Betonung) und nur zu 7 Prozent vom Inhalt abhängt.

Überraschen auch Sie diese Ergebnisse?

Mehrabian ließ Versuchspersonen den Gesamteindruck von vermittelten Reizen beurteilen. Es ging darum, bestimmte Aussagen von Menschen hinsichtlich Mimik, Tonfall und Inhalt zu bewerten. Ergebnis: Größtes Vertrauen schenkten die Versuchspersonen dem Gesichtsausdruck, dem Inhalt dagegen wurde fast gar keine Bedeutung beigemessen.

Einige Kritiker stellten Mehrabians Ergebnisse in Frage. Sie warfen ihm vor, dass die Laborergebnisse nicht 1:1 auf das alltägliche Leben zu übertragen seien. Das mag stimmen, und vielleicht hat der Inhalt doch ein paar Prozentpunkte mehr und die Körpersprache ein paar weniger. Aber: Es ging Mehrabian mit seiner Untersuchung vor allem darum, dass Körpersprache, Stimme und Inhalt übereinstimmen müssen, wenn man überzeugen und/oder andere für sich gewinnen will. Also: Drückt die Mimik etwas ganz anderes als die Worte aus, dann geht die inhaltliche Botschaft weitgehend unter.

Daraus folgt: Fachwissen ist gut und wichtig. Eindruck hinterlassen und überzeugen werden Sie aber vor allem dann, wenn es Ihnen gelingt, sich auch körpersprachlich und stimmlich gut in Szene zu setzen. Mit anderen Worten: In der erfolgreichen Kommunikation gilt es, nicht nur an das »Was« zu denken, sondern vor allem an das »Wie«.

Die Wirkung der Körpersprache

Wenn Sie sich bemühen, körpersprachlich souveräner aufzutreten, erzielen Sie zweierlei: 1. Ihre Gesprächspartner/Zuhörer werden Ihnen Sicherheit und Souveränität und damit eine größere Kompetenz zuschreiben. 2. Ihnen fällt es leichter, sich Gehör zu verschaffen.

Körpersprache wirkt übrigens nicht nur nach außen auf Ihr Umfeld, sondern auch nach innen auf Sie selbst: Horchen Sie beispielsweise einmal in sich hinein, wie Sie sich fühlen, wenn Sie Kopf und Schultern hängen lassen und die

Mundwinkel nach unten zeigen. Im Nu machen sich Schwäche und Unwohlsein breit. Steuern Sie also dagegen: Geben Sie Ihrem Selbstbewusstein einen Kick durch eine aufrechte Haltung, eine selbstbewusste Gestik und offenfreundliche Mimik.

Wer mit einem Lächeln auf andere zugeht, wird in der Regel einen ebenso freundlichen Blick ernten. Aber Vorsicht: Ein aufgesetztes Lächeln entlarvt zumindest der Profi sofort. Wird es nur vorgetäuscht, sind die Muskeln rund um die Augen kaum beteiligt, bei einem echten Strahlen hingegen bilden sich Hautverdickungen und Fältchen unter den Augen.

Bei der Gestik ist darauf zu achten, in welcher Höhe Sie Ihre Hände halten. Gesten unterhalb der Taille werden vom Zuhörer bzw. Gesprächspartner meist negativ bewertet. Deshalb ein Tipp: Wenn Sie z. B. einen Vortrag halten müssen, nehmen Sie sich *Stichwortkarten* (siehe Seite 89f.) zur Hand. Damit stellen Sie sicher, dass Sie die Arme in der optimalen angewinkelten Position halten. Positiv gelten generell offene und harmonische Gesten.

Mit diesen Hinweisen möchte ich Sie nicht dazu auffordern, sich total zu verstellen. Die Devise lautet stattdessen: mehr Selbstaufmerksamkeit. Sie sollen selbstverständlich Ihre Persönlichkeit nicht verbiegen. Wichtig ist, dass man ein angemessenes Maß findet, das einerseits zu der eigenen Persönlichkeit passt, das andererseits hilft, die verbalen Aussagen optimal und stimmig zu unterstreichen und dem eigenen Selbstbewusstsein Auftrieb zu geben.

Wie Mehrabians Experimente deutlich zeigen, nimmt der nonverbale Ausdruck einen hohen Stellenwert in der Kommunikation ein. Der Körper drückt aus, wie es in unserem Inneren tatsächlich aussieht. Beobachten wir die Körpersprache unseres Gegenübers, können wir daraus hilfreiche Hinweise entnehmen. Aber natürlich gilt es zunächst einmal, sich selbst zu betrachten und die eigene Körpersprache bewusst wahrzunehmen. Wer sich intensiv mit seinem Körper und der Persönlichkeit beschäftigt, wird auch andere besser beeinflussen können. Fangen wir also gleich damit an – mit Hilfe folgender Übung.

Übung: Körpersprache wahrnehmen (Teil 1)

Dauer: ca. 10 Minuten
Was Sie benötigen: Spiegel bzw. Videokamera
Gruppengröße: allein
So geht's: Stellen Sie sich vor einen Spiegel bzw. eine Videokamera. Versuchen Sie, sich in folgende Gefühlslagen hineinzuversetzen und sie körpersprachlich darzustellen:

- *Niedergeschlagenheit*: Darstellungsmöglichkeit z. B. mit gesenktem Blick, hängenden Schultern, nach unten gezogenen Mundwinkeln... Verharren Sie ein bis zwei Minuten in dieser Haltung, schauen Sie dabei in den Spiegel (bzw. sich später genau das Video an), bis Sie zur nächsten Haltung übergehen.

- *Stolz*: Darstellungsmöglichkeit z. B. mit aufrechter Haltung, geradem Blick, entschlossener Mimik, Betonen der Brustpartie (= stolzgeschwellte Brust)... Verharren Sie ein, zwei Minuten in dieser Haltung. Nehmen Sie bewusst den körpersprachlichen Unterschied zum ersten Gefühlszustand wahr. Bleiben Sie wieder ein, zwei Minuten in dieser Haltung, um dann zur nächsten überzugehen.

- *Wut*: Darstellungsmöglichkeit z. B. angespannte Gesichtszüge, Stirn in Falten, krause Nase, gefletschte Zähne, angespannte Körperhaltung, angewinkelte Arme... gehen Sie genauso vor wie bei 1 und 2.

- *Selbstsicherheit*: Darstellungsmöglichkeit z. B. entspannte, offene Gesichtszüge, offener Blick, gerade Haltung, mit beiden Beinen fest auf dem Boden stehend, »erhobenes Haupt«, ruhige Gestik... Genießen Sie dieses selbstbewusste Gefühl. Führen Sie sich lächelnd Ihre Stärken vor Augen. Prägen Sie sich ganz bewusst diese Haltung ein und schauen Sie sich – sofern Sie eine Videoaufnahme gemacht haben – gerade diese Haltung noch einmal genau an.

Diese wie auch die nächste Übung ist dazu geeignet, Körpersignale (die eigenen, aber auch die der anderen) bewusster wahrzunehmen und zu lernen, die eigene Körpersprache gezielt einzusetzen, um z. B. bei einer Präsentation oder Verhandlung Stärke und Sicherheit zu unterstreichen, oder um überhaupt auf sich aufmerksam zu machen.

Übung: Körpersprache wahrnehmen (Teil 2)

Dauer: ca. 10 Minuten
Was Sie benötigen: Spiegel bzw. Videokamera
Gruppengröße: 3 bis 12
So geht's: Zur Vorbereitung schreiben Sie oder alle Gruppenmitglieder spontan Gefühlszustände (Freude, Ärger, Niedergeschlagenheit, Überheblichkeit...) auf

Karten. Diese werfen Sie in eine Box. Und nun ziehen alle abwechselnd eine Karte und stellen den aufgeschriebenen Gefühlsausdruck dar. Die Aufgabe der anderen, die nicht wissen, was auf der Karte steht, ist es herauszufinden, was dargestellt wird.

Stimme und Sprechweise

Ebenso wie die Körpersprache ist – wie Mehrabian zeigte – auch die Stimme ein entscheidender Faktor, ob man Ihnen zuhört, Sie ernst nimmt, ob Sie überzeugen und Sympathie wecken. Ihre Stimme sagt viel über Ihre Persönlichkeit aus – wie es die Herkunft des Wortes schon vermuten lässt. Persönlichkeit kommt vom lateinischen Per-sonare = durch-tönen. Das heißt, wie Sie eigentlich sind, auch wie Sie sich fühlen, überträgt Ihre Stimme. Ist man beispielsweise mal missvergnügt oder traurig und telefoniert dann, erkennen zumindest vertraute Menschen relativ schnell, dass es einem nicht gut geht.

Im Berufsleben entnimmt man Ihrer Stimme wichtige Hinweise auf die Frage: Wie souverän, wie kompetent sind Sie wirklich?

Wichtige Indikatoren für die Beantwortung dieser Frage sind Lautstärke, Tragweite und Tiefe Ihrer Stimme. Können Sie laut genug sprechen? Trägt Ihre Stimme? Kann man Sie in einem größeren Raum auch in den hinteren Reihen noch verstehen? Nichts ist schlimmer und nervtötender als ein Sprecher, der mit seiner Stimme kaum durchdringt – für beide Seiten. Für das Publikum, weil es wahrscheinlich nur die Hälfte mitbekommt, ständig nachfragen muss, vielleicht irgendwann keine Lust drauf hat und beschließt, lieber eine Zeit lang zu dösen. Auch für den Redner ist es lästig, muss er doch alle paar Minuten ein »Lauter!« über sich ergehen lassen oder noch unfreundlichere Reaktionen des Publikums hinnehmen.

Höhe und Tiefe der Stimme haben Einfluss darauf, wie das Publikum den Referenten oder die Referentin wahrnimmt. In der Regel schreibt man Menschen mit tieferen Stimmen eine höhere Kompetenz zu. Es hängt unter anderem damit zusammen, dass man bei Aufregung und Anspannung höher und gepresster spricht als im einem emotional ausgeglichenen Zustand. Wer also tiefer spricht, scheint in sich zu ruhen, ist offensichtlich von sich überzeugt und wirkt damit souveräner. Kennen Sie Ihre optimale Tonhöhe? Die lässt sich leicht herausfinden – mit folgender Übung:

Übung: Kinderantwort

Dauer: ca. 30 Sekunden
Was Sie benötigen: möglichst Aufnahmegerät
Gruppengröße: allein
So geht's: Sprechen Sie die beiden Silben »äh-äh« laut aus, und zwar so, als wollten Sie eine Ihnen gestellte Frage verneinen. Sie sagen nicht nein, sondern »äh-äh« (wie Kinder es manchmal tun). Schalten Sie das Aufnahmegerät ein und sprechen Sie die Silben mehrmals vor sich hin. Lesen Sie noch nicht weiter, sondern hören Sie sich erst einmal Ihre Aufnahmen an. Was ist Ihnen aufgefallen?

Haben Sie es bemerkt? Das zweite »äh« sprechen Sie tiefer – das ist Ihre optimale Tonhöhe, die Sie anstreben sollten.

Denken Sie immer daran, auch am Ende eines Satzes die Stimme zu senken. Das hat eine ähnliche Wirkung wie die bewusst gesetzte Pause. Senkt sich Ihre Stimme am Satzende, gibt das Ihrer Aussage mehr Gewicht. Und Sie wirken damit selbstsicherer, souveräner und gewinnen an Autorität. Überhaupt: Wann immer es gilt, einem Wort, einer Formulierung eine besondere Bedeutung zu verleihen, senken Sie am besten die Stimme.

Nicht nur die Lautstärke, sondern auch die Deutlichkeit Ihres Sprechens ist entscheidend dafür, ob man Sie versteht oder nicht. Manche Präsentatoren haben ein wirklich lautes Organ, nuscheln aber derartig, dass sie nur schlecht zu verstehen sind. Dagegen lässt sich was tun. In diesem Falle sollte man unbedingt klares Artikulieren üben. Bemühen Sie sich, sehr deutlich zu sprechen, Silben nicht zu verschlucken, den Mund weiter als üblich zu öffnen (siehe dazu folgende Übung Stimm- und Sprechtraining). Natürlich sollten Sie auch nicht die Hand vor den Mund halten.

Leiden Sie unter einer brüchigen Stimme oder sind Ihre Stimmbänder schon nach kurzer Zeit sehr strapaziert, sollten Sie sich an einen Sprech-Profi (Sprecherzieher/-in, Logopäde/-in) wenden. Spezielle Übungen und vor allem regelmäßiges Training verbessern die Stimmfunktion und Sprechweise erheblich. Häufig hilft es, den »Stimmapparat« regelmäßig mit Übungen wie folgender zu schulen.

Übung: Stimm- und Sprechtraining

Dauer: ca. 15 bis 30 Minuten
Was Sie benötigen: Texte, möglichst Aufnahmegerät
Gruppengröße: allein oder in der Gruppe
Empfohlen von: Astrid Dinda, Trainerin für Kommunikation, Medien, Stimme & Sprechen, Journalistin, Berlin

> **Astrid Dinda**, 1962 im Emsland geboren, lebt seit 22 Jahren in Berlin. Sie ist Journalistin und Kommunikationswissenschaftlerin mit über 15 Jahren Berufserfahrung in Hörfunk und Fernsehen, in der europäischen Bildungs- und Netzwerkarbeit und als Weiterbildnerin und Bildungsreferentin in verschiedenen Unternehmen.
>
> Seit acht Jahren arbeitet sie hauptberuflich als Trainerin für Kommunikation, Medien, Stimme & Sprechen, darüber hinaus ist sie als Lehrtrainerin und Coach für Neuro-Linguistisches Programmieren (NLP) in den Bereichen Persönlichkeits- und Karriereentwicklung tätig. Mit ihrem Institut CHANGE Kommunikation – Medien – NLP erfüllte sie sich vor knapp drei Jahren ihren Berufstraum: eine Trainingsinstitution für persönliche und berufliche Entwicklung – mitten in Berlins alter Mitte.
>
> Ihre Klienten sind u. a. Journalisten, Politiker, Führungskräfte und PR-Verantwortliche aus großen Unternehmen – sowie alle, die in der Öffentlichkeit auftreten und im öffentlichen Rahmen Reden halten, vor Kamera und Mikrofon ihre Botschaften stimmig auf den Punkt bringen wollen.

Astrid Dinda ist großer Fan der Dreiteilung bei Übungen: Die Dreiteilung stammt aus der antiken Rhetorik und wird heute in den unterschiedlichsten Bereichen unseres Lebens verwendet:
- in der modernen Rhetorik (z. B. Einleitung, Hauptteil, Schluss; argumentativer Dreischritt),
- in der Kommunikationspsychologie (z. B. Lee Iacocca: »Sage, was du sagen wirst, sage es, sage, was du gesagt hast«; Watzlawick: »... eine Alternative = keine, zwei Alternativen = Dilemma, drei Alternativen = wirkliche Entscheidungsfreiheit«),
- in der Werbung (z. B. »quadratisch, praktisch, gut«; »er kann, sie kann, Nissan«; »Feuer, Pfeife, Stanwell«),
- im alltäglichen Sprachgebrauch (z. B. »Friede, Freude, Eierkuchen«).

Aus diesem Grund teilt auch sie ihre Lieblingsübungen in drei Bereiche – und diese noch einmal in drei Segmente ein.

So geht's: *1) Eutonische Sitzhaltung beim Sprechen: 90-90-90*
Das Idealmaß für diese grundlegende Stimm- und Sprechübung ist dieses Mal nicht 90-60-90, sondern 90-90-90. Eutonie kommt aus dem Griechischen und bedeutet »gute Spannung«, also das Mittelmaß aus Unter- und Überspannung. Die eutonische Sitzhaltung ist Grundvoraussetzung für eine volltönende Stimme und ein energievolles Sprechen.

Die Füße stehen hüftbreit auf dem Fußboden. Wir sitzen aufrecht auf dem vorderen Drittel des Stuhles und spüren unsere beiden Sitzhöcker (das sind die beiden kleinen runden Dinger an der Basis unseres Beckens). Der Winkel in unseren Fußgelenken beträgt 90 Grad (Also, wenn's geht: Highheels ausziehen beim Sprechen). Die Füße sind so aufgestellt, dass auch der Winkel in unseren Kniegelenken 90 Grad beträgt (keine übereinander geschlagenen Beine oder um die Stuhlbeine verwickelten Füße!). Und auch der Winkel in unserer Hüfte beträgt 90 Grad (kein Hohlkreuz, aber auch nicht mit rundem Rücken zusammensacken). Die Wirbelsäule ist lang, der Kopf die Verlängerung der Wirbelsäule, das Kinn in einer mittleren Stellung zum Brustbein. Also weder zu nah am Brustbein (das ergibt eine »verhangene Spreche«) noch zu weit nach vorn gestreckt (das ergibt eine angespannte Spreche, weil auf Kehlkopf und Stimmlippen zu viel Spannung liegt). Unser Körper ist also gut eingerichtet.

2) Flankenatmung

Wenn der Körper eingerichtet ist, kümmern wir uns als Nächstes um die Atmung. Eine schnell wirksame Aktivierung der tiefen, hinteren Bereiche unseres Zwerchfells schafft die Flankenatmung. Atmen wir nämlich in die Flanken, atmen wir tief. Tiefatmung bedeutet jedoch nicht, sich voll zu pumpen, sondern in eine tiefe Richtung zu atmen, nämlich in die Flanken. Das sind übrigens die Stellen am Körper, wo sich – nach Schludern und Schlemmen – oft und schnell das »Hüftgold« absetzt. Sänger nennen diesen Bereich übrigens den »Gürtel«. Wir arbeiten also für den Aufbau unserer Gürtelspannung.

Wir sitzen in eutonischer Haltung und bewegen unseren Oberkörper während der Ausatmung (wichtig) langsam nach unten, bis der vordere Bereich der Schultern die Knie berührt. Wir liegen also gemütlich mit dem Oberkörper auf den Knien. Unser Kopf hängt locker nach unten. Nun legen wir die Handaußen- oder die Handinnenflächen auf unsere Flanken. Als Nächstes atmen wir langsam ein und schicken den Atem in unsere Hände. Die Stellen unter unseren Händen sollten sich langsam durch den eigenen Druck des Einatmens weiten. Beim Ausatmen werden sie wieder schmaler. Diesen Vorgang wiederholen wir drei- bis viermal. Wir weiten also durch unser Einatmen unsere Flanken. Wir beenden die Übung, indem wir beim Ausatmen (wichtig) ganz langsam Wirbel für Wirbel wieder nach oben kommen. Der Kopf hängt dabei wie ein Stück reifes Obst am Baum, bleibt noch kurz auf dem Brustbein liegen und hebt sich ganz zum Schluss. Und da wir beim Ausatmen hochgekommen sind, nimmt unser Körper als Nächstes ganz von selbst einen tiefen Atemzug.

Das Zwerchfell, unser größter Atemmuskel, wird durch diese Übung gut durchblutet, Kehlkopf und vorderes Zwerchfell senken sich, das Lungenvolumen vergrößert sich für kurze Zeit. Diese Übung nimmt viel Druck aus dem Hals und gibt viel unteren Raum für die Stimme. Klienten von mir sind oft sehr überrascht, wenn sie – wieder oben – zu sprechen beginnen. *»Sprechen ist auf einmal total einfach«*, *»Das ist gar nicht meine Stimme«* sagen sie. Oder: *»Es spricht sich wie von selbst«*. Gähnen hat übrigens einen – wenn auch nicht so starken – so doch ähnlichen Effekt.

3) »Korken«-Sprechen

Sie haben also Körper und Atmung in sanften Schwung gebracht. Nun muss das, was Sie zu sagen haben, auch angemessen akustisch verstehbar sein, also deutlich gesprochen werden.

Wir nehmen einen Text, lesen ihn laut und schätzen die Qualität der Artikulation ein. Nun legen wir den Mittelfinger über den Zeigefinger und stecken beide so weit zwischen die oberen und unteren Schneidezähne, dass die Zähne den Fingernagel des Mittelfingers und die Fingerkuppe des Zeigefingers berühren. Wir halten obere und untere Zahnreihe durch die Finger (wie mit einem Korken) auf Abstand. Nun lesen wir den selben Text noch einmal laut: Finger im Mund behalten, aufrechte Sitzhaltung, und jede Silbe einzeln sprechen. Ziel hierbei ist, dass der Text weiterhin einwandfrei verständlich bleibt. Hierbei müssen wir uns schon ein bisschen anstrengen, denn Zunge, Lippen und Gesichtsmuskulatur haben viel mehr zu arbeiten als sonst. Das sind gewissermaßen Sit-ups für die Artikulationswerkzeuge. Nun nehmen wir die Finger aus dem Mund und sprechen den Text ein drittes Mal. Um wie vieles deutlicher, geschliffener und artikulierter klingt er nun!

Alle drei Übungen in Folge nehmen nur kurze Zeit in Anspruch, aber sie machen sprecherisch für den Moment schnell fit. Jeden Morgen angewendet, besser noch mehrmals am Tag, bringen sie Körper, Stimme und Artikulation grundsätzlich in die richtige – weil gesunde – Richtung.

Astrid Dindas methodische Anregung: Arbeiten Sie zu Hause – wenn möglich – mit Aufnahmegeräten, um den Vorher-Nachher-Effekt besser beurteilen zu können. Außerdem gewöhnen Sie sich so an den Außenklang Ihrer Stimme. Der unterscheidet sich nämlich sehr häufig von dem inneren Klang. Es besteht also oft ein Unterschied zwischen Ihrer Stimme, so wie Sie sie selbst hören, und Ihrer Stimme, wie Sie von Ihren Zuhörern wahrgenommen wird. Ziel ist eine Angleichung, außen wie innen. Denn nur so schaffen Sie sich selbst eine Kontrollmöglichkeit.

Kurze Reden

Wenn Sie mit der Atmung, Stimme, Artikulation geübt haben, sollten Sie unbedingt dranbleiben und Ihre neuen Erfahrungen umsetzen. Vielleicht zunächst mit einer Kurzrede. Vielen Menschen fällt es schwer, auf die Schnelle zu einem Thema etwas zu sagen. Dabei kommt es am Arbeitsplatz oder auch im Privatleben gar nicht so selten vor, dass man aufgefordert wird: »*Kannst du nicht ein paar Sätze zu... sagen?*« Wie nur anfangen, was tun, damit man nichts vergisst? Sehr hilfreich für kurze spontane Reden ist die 5-Schritt-Formel, an deren Gliederungspunkte man sich bei kurzen Reden gut orientieren kann.

5-Schritt-Formel

- *Interesse wecken*
  Versuchen Sie Aufmerksamkeit und Interesse Ihrer Zuhörerinnen und Zuhörer mit einem originellen Einstieg, einem Überraschungseffekt zu wecken (mehr dazu ab Seite 87).

- *Sagen, worum es geht*
  Nennen Sie gleich das Wesentliche. Bei einer kurzen Rede ist es besonders wichtig, schnell auf den Punkt zu kommen.

- *Begründen und Beispiele bringen*
  Bringen Sie Argumente, warum etwas so ist, wie sie berichtet haben. Oder führen Sie Beispiele an, um das von Ihnen Beschriebene zu verdeutlichen.

- *Fazit*
  Was ergibt sich auf dem Gesagten? Welchen Schluss kann man ziehen?

- *Gegebenenfalls auffordern zum Handeln*
  Wenn's passt, können Sie an dieser Stelle die Zuhörer/-innen beispielsweise auffordern, etwas zu unternehmen, sich anzuschließen, ab sofort etwas anders zu machen.

Versuchen Sie bei der folgenden Übung sich an dieses Gliederungsschema zu halten.

Übung: Sprichwörter erklären

Dauer: ca. 15 Minuten (inklusive Vorbereitungszeit)
Was Sie benötigen: Papier- oder Karteikarten, Stift, Box, ggf. Videokamera
Gruppengröße: 3 bis 8 Personen
So geht's: Jeder schreibt spontan zwei, drei Sprichwörter auf Karten. Die stecken Sie in eine Box, mischen sie gut durch, und nun zieht jeder nacheinander eins heraus. 10 Minuten Vorbereitungszeit stehen Ihnen zur Verfügung, um daraus eine kurze Rede (1 bis 2 Minuten) zu entwickeln. Halten Sie sich beim Aufbau bitte an das eben vorgestellte Gliederungsschema.

Bedingung für den Vortrag, für den jeder einzeln nach vorne kommt: Das Sprichwort selbst darf nicht genannt werden. Es gilt also zunächst, einen interessanten Einstieg zu finden, der Interesse weckt. 2. Erklären Sie, was mit dem Sprichwort gemeint ist. 3. Lassen Sie ein oder zwei Beispiele folgen, die ihren Gedanken noch plastischer machen oder weiter den Zuhörern klare Hinweise geben. Schließen Sie mit einem Fazit ab – z. B.: Was kann man daraus lernen? Gegebenenfalls fordern Sie zum Handeln auf.

Wenn ein Vortrag beendet wurde, gilt es für alle anderen zu raten, um welches Sprichwort es hier ging.

Anschließend besprechen Sie in der Runde, wie die Körperhaltung, Mimik, Gestik, Stimme war. Was hat die Rede verständlich gemacht, was könnte noch verbessert werden?

Tipp

Auf Seite 208 f. finden Sie im Zusammenhang mit einer anderen Übung eine Auswahl von Sprichwörtern. Falls Ihnen selber keine oder zu wenig einfallen, können Sie hier nachschauen.

Wie vermitteln Sie Inhalte?

Bislang haben wir uns vor allem mit dem Wie einer Präsentation und erst in zweiter Linie mit den Inhalten beschäftigt. Aber natürlich kommt es auch darauf an, was Sie sagen – wie bereits die Sprichwörter-Übung gezeigt hat.

Wenn auch der Inhalt relativ wenig bedeutend erscheint (siehe Mehrabians *Ergebnisse*, Seite 69 f.), heißt das nicht, dass man ihn in der Präsentation völlig vernachlässigen darf. Eine tolle Ausstrahlung ist wichtig, sehr wichtig sogar, wenn dann inhaltlich aber nur heiße Luft folgt, reicht auch die beste äußere Form nicht. Ein überzeugender Inhalt muss vor allem eins sein: verständlich. Diese Komponente wird leider oft vernachlässigt.

Verständlich ausdrücken

Bei manchen Vorträgen hat man den Eindruck, der oder die vorne Stehende setzt alles daran, um es dem Publikum so schwer wie möglich zu machen, auch nur ansatzweise die gesprochenen Worte zu verstehen. Der Redner versucht seine Kompetenz damit zum Ausdruck zu bringen, dass er dem Publikum Fremdwörter und unendlich lange Satzungetüme »um die Ohren haut«. Die Folge: Schon nach kurzer Zeit schaltet das Publikum ab und wartet sehnsüchtig auf das Ende der Präsentation. Für Bücher oder andere schriftliche Abhandlungen mag ein solcher Stil akzeptabel sein. Hier kann man immerhin selber das Tempo bestimmen und falls man etwas nicht richtig verstanden hat, noch mal zurückblättern und erneut lesen. Wenn man jedoch in einer Präsentation einen wesentlichen Punkt nicht versteht, findet man möglicherweise gar nicht mehr den Anschluss. Verständlich, dass es dann keinen Spaß bereitet, noch aufmerksam den Äußerungen zu lauschen.

Wenn Sie etwas präsentieren, denken Sie also an Klarheit und Prägnanz. Sprechen Sie so einfach wir möglich. In der Schule lernten wir, auf keinen Fall einen einfachen Hauptsatz an den anderen zu fügen, bloß keine Wörter zu wiederholen, sondern unbedingt nach Synonymen zu suchen, für Abwechslung mit Nebensätzen, Einschüben etc. zu sorgen. Das mag für geschriebene Texte auch heute noch gelten. Doch an einen Vortrag sind andere Maßstäbe anzulegen. Hier geht es vor allem um eins: Verständlichkeit. Ein gesprochener Text muss sich deutlich von einem geschriebenen Text unterscheiden. Tucholsky gab Rednern folgenden Rat mit auf den Weg: »*Hauptsätze, Hauptsätze, Hauptsätze.*«

Konjunktive meiden

Um überzeugend zu wirken, ist es wichtig, dass Sie auch sprachlich sicher »rüberkommen«. Verzichten Sie deshalb weitgehend auf den Konjunktiv, die Möglichkeitsform. Egal, ob Sie zum nächsten Punkt überleiten (»*Ich würde jetzt gerne hier weitermachen*«), eine Meinung bekunden (»*Ich würde sagen...*«)

oder einen Vorschlag unterbreiten *(»Ich würde vorschlagen...«)* – sprechen Sie im Indikativ, also der Wirklichkeitsform: *»Ich mache jetzt weiter bei...«, »Ich sage...«, »Ich schlage vor...«* Das macht Ihre Aussagen klarer und verleiht darüber hinaus Ihrer Art zu sprechen eine selbstsichere Ausstrahlung.

Aktiv statt Passiv

Ihr Beitrag wird verständlicher und anschaulicher, wenn Sie statt passiv besser aktiv formulieren und statt Substantivierungen lieber Verben nutzen und – wie erwähnt – die Sätze möglichst kurz halten.

Statt: *»Die Überzeugung von der Richtigkeit einer Forderung ist entscheidend, wenn man von der Gegenseite ernst genommen werden will.«*
Besser: *»Sie müssen davon überzeugt sein, dass Ihre Forderung richtig ist. Dann nimmt die Gegenseite Sie auch ernst.«*

Übung: Anschaulich formulieren

Dauer: ca. 5 Minuten
Was Sie benötigen: Stift
Gruppengröße: allein
So geht's: Formulieren Sie die Beispielsätze in der linken Tabellenhälfte um, d. h., verwandeln Sie Passiv-Sätze in Aktiv-Sätze und Substantivierungen (= Tätigkeitswörter, die zu Hauptwörtern wurden; vor allem erkennbar an -ung-Endungen) wieder in Tätigkeitswörter, und tragen Sie Ihre besseren, einfacheren Sätze in der rechten Spalte ein.

Statt	Besser
»Wenn von Ihnen in der Präsentation an den logischen Aufbau der Argumente gedacht wird, wird es Ihnen vom Publikum gedankt.«	
»Das Anwenden dieser Technik ist sinnvoll, wenn...«	
»Ihnen wurde gesagt...«	

Zur Erreichung eines Ziels sollte geprüft werden, ob die Erfüllung der Aufgaben in dem geplanten Zeitrahmen realisiert werden kann.	
Die Forderung nach mehr Gehalt wird von vielen Arbeitnehmerinnen und Arbeitnehmern als Schwierigkeit empfunden.	
»Von mir wurde bereits darauf hingewiesen, dass …«	

Zum Vergleichen finden Sie auf Seite 204 Lösungsvorschläge.

Wenig Fremdwörter

Wer komplizierte Inhalte in einfacher Sprache wiedergeben kann, der zeigt wirkliche Größe. Um das zu erreichen, gibt es einen Trick: Stellen Sie sich vor, im Publikum sitzen lauter Bekannte, Freunde, Verwandte. Ihnen berichten Sie von Ihrem Thema. Sie greifen automatisch auf eine einfache, verständliche Sprache zurück und verzichten auf geschwollene Formulierungen und mit Fremdwörtern überladene Sätze.

Oft benutzen Redner Fremdwörter, obwohl es dafür einfachere deutsche Begriffe gibt, die verständlicher sind:
Beispiele:

Statt	Besser
Intention	Absicht
flexibel	beweglich
differenzieren	unterscheiden
realisieren	verwirklichen
qualifiziert	befähigt
Alternative	Möglichkeit

Sie wenden vielleicht ein: Diese Fremdwörter versteht doch jeder. Ich kann jedoch nur warnen. Was für Sie selbstverständlich ist, muss es für jemand anders noch lange nicht sein. Apropos verständlich: Wissen Sie denn, was hinter folgenden Fremdwörtern steckt? Machen Sie den Test:

Übung: Fremdwörter-Test

Dauer: ca. 4 Minuten
Was Sie benötigen: Stift, Papier
Gruppengröße: allein
So geht's: Kreuzen Sie die richtige Antwort an.

1) *Was ist ein Exzerpt?*
a) ein Auszug (z. B. aus einem Buch)
b) ein seltenes Insekt, das überwiegend in Australien und Neuseeland zu finden ist
c) eine Unterbrechung

2) *Was ist Algologie?*
a) die Algenkunde
b) ein nach einem bestimmten Schema ablaufender Rechenvorgang
c) ein Pflanzenfarbstoff

3) *Was versteht man unter statieren?*
a) etwas feststellen
b) als Statist tätig sein
c) Ladung auf Schiffen unterbringen

4) *Was versteht man unter Ornithologie?*
a) Insektenkunde
b) Fachrichtung der Medizin, die sich mit der Behandlung von Geschwülsten befasst
c) Vogelkunde

5) *Was ist der/die/das Zedent?*
a) Partei des politischen Katholizismus
b) dünne Fischschuppe mit hinten abgerundetem Rand
c) Gläubiger, der seine Forderung an einen Dritten abtritt

6) *Was steckt hinter dem Begriff Tautologie?*
a) Sammelbezeichnung für natürlich vorkommende, technisch wichtige Minerale und Gesteine, die zu Keramik, Glas, Baustoffen, Bindemitteln usw. verarbeitet werden

b) Wiedergabe eines Begriffs durch zwei oder mehr Wörter gleicher oder ähnlicher Bedeutung (z. B. weißer Schimmel)
c) die therapeutische Anwendung von Strahlen in der Medizin (z. B. Infrarot)

7) *Was ist Konjugation?*
a) Beugung des Verbs
b) Bindehautentzündung
c) Bestimmte Stellung der Planeten

8) *Wie würden Sie Gerontologie erklären?*
a) Altersheilkunde
b) Alternsforschung
c) Forschungsrichtung, die sich mit Erbkrankheiten beschäftigt

9) *Was verstehen Sie unter Subskription?*
a) Langsamer Fieberabfall
b) Umwandlung von Energie in materielle Teilchen
c) die Vorbestellung eines noch nicht gedruckten oder erst in einigen Bänden erschienen Buches

10) *Wie erklären Sie desavouieren?*
a) jemanden stören
b) jemanden bloßstellen
c) jemanden falsch informieren

Die Lösungen finden Sie auf Seite 204 f.

Haben Sie alle Antworten gewusst? Oder taten Sie sich doch bei dem einen oder anderen Fremdwort schwer? Wenn irgend möglich, sollten Sie in Ihrem Vortrag darauf verzichten, um keine Missverständnisse aufkommen zu lassen. Natürlich ist Ihre Wortwahl auch abhängig von der Zusammensetzung des Zuschauerkreises. Wenn vor Ihnen nur Experten sitzen, können Sie Begriffe, die in Ihrer Branche gebraucht werden, verwenden. Aber überfordern Sie das Publikum nicht. Verständlichkeit besitzt oberste Priorität.

Kommen Sie einmal nicht drum herum, ein Fremdwort oder einen Fachbegriff zu verwenden, weil es kein angemessenes Synonym gibt, dann erklären Sie das Wort, vielleicht sogar zwei- bis dreimal. Das erhöht die Merkfähigkeit.

Gehen Sie nicht davon aus, dass alle schon alles wissen. Das gilt im Übrigen auch für Abkürzungen.

Keine doppelte Verneinung

»Jede Verneinung ist ein Problem; die doppelte Verneinung ist eine Katastrophe.«[14] Oft benutzen Redner doppelte Verneinungen, manchmal sogar dreifache Verneinungen, ohne sich klar darüber zu sein, dass man das auch einfacher und damit verständlicher sagen kann. Versuchen Sie einmal, in folgender Übung den Sinn doppelter oder sogar dreifacher Verneinungen zu erkennen:

Übung: Doppelte und dreifache Verneinung verstehen

Dauer: ca. 4 Minuten
Was Sie benötigen: Stift
Gruppengröße: allein
So geht's: Kreuzen Sie die richtige Antwort an bzw. erklären Sie (bei 3. und 7.), wie die Aussagen zu verstehen sind.

1. Es ist nicht unüblich, den Rasen mit einem Elektromäher zu mähen.
   Heißt das:
   a) Der Rasen wird mit einem Elektromäher gemäht?
   oder
   b) Der Rasen wird nicht mit einem Elektromäher gemäht?

2. Sind Sie dagegen, nicht zur Wahl zu gehen?
   Heißt das:
   a) Wollen Sie zur Wahl gehen?
   oder
   b) Wollen Sie nicht zur Wahl gehen?

3. Der ehemalige Bundesverteidigungsminister Apel verkündete einst: »Unsere Republik hat dem Gewalt*verzicht* endgültig *ab*geschworen.«[15]
   Was hat Apel damit gesagt?

_____

_____

4. Die Politikerin sprach sich gegen die Aufhebung des Abschiebestopps für Kurden aus.
   Was will die Politikerin?
   a) Die Kurden sollen abgeschoben werden.
   b) Die Kurden sollen bleiben.

5. Frau Meier kann sich nicht weigern, Frau Schmitz nicht zu informieren.
   Heißt das:
   a) Frau Meier muss Frau Schmitz informieren.
   oder
   b) Frau Meier muss Frau Schmitz nicht informieren.

6. Die Mitarbeiterinnen und Mitarbeiter des Konzerns sagen nein zum Verzicht auf einen Teil ihres Einkommens.
   Heißt das:
   a) Die Mitarbeiterinnen und Mitarbeiter sind nicht bereit, auf einen Teil ihres Einkommens zu verzichten.
   oder
   b) Die Mitarbeiterinnen und Mitarbeiter sind bereit, auf einen Teil ihres Einkommens zu verzichten.

7. In einem Leitartikel der *Süddeutschen Zeitung* hieß es:
   »Im Lager der Koalitionsparteien breitet sich Erleichterung über den *miss*glückten *Fehl*start des Kandidaten aus.«[16]
   Was sagt der Schreiber damit?

_____

_____

Auflösung auf Seite 205.

Gar nicht so einfach zu verstehen, wenn es sich jemand zur Aufgabe gemacht hat, von hinten durch die Brust ins Auge zu formulieren. Versuchen Sie unbedingt, solche Sprachungeheuer zu vermeiden.

Der rote Faden

Um verständlich zu präsentieren, sollten Sie an den roten Faden Ihres Vortrags, Ihrer Rede denken. Halten Sie sich an das bewährte Gliederungsschema: Einleitung – Hauptteil – Schluss.

Einleitung

Bei einem Vorstellungsgespräch hat Ihr Gegenüber schon innerhalb von ein paar Minuten einen ersten Eindruck von Ihnen. Auch bei der Präsentation gilt: Es gibt keine zweite Chance für den ersten Eindruck. Deshalb sollten Sie gleich zu Beginn alles daran setzen, das Publikum für sich einzunehmen. Jetzt können Sie die Weichen stellen, ob die Anwesenden Ihnen aufmerksam und interessiert zuhören. Überlegen Sie sich genau, mit welchen Worten Sie starten.

Würden Sie sich für einen Einstig wie folgenden entscheiden?

»*Meine Damen und Herren. Ich begrüße Sie herzlich zu meinem Vortrag… Ich freue mich, heute hier sein zu dürfen … Ich darf mich zunächst vorstellen…*«

Ein Präsentationsbeginn, wie man ihn immer wieder hört. Standard – aber leider nicht berauschend. Machen Sie es besser. Warum fangen Sie nicht mit einem Überraschungseffekt an, z. B. mit einer Frage an das Publikum?

»*Welche Erfahrungen haben Sie mit…?*«
»*Welche Erwartungen haben Sie…?*«

Sie können auch Utensilien mitbringen, um plastisch Ihre Aussagen zu unterstreichen, oder Sie zeigen einen kurzen Filmausschnitt. Ich beginne gern mit einem Zitat, das das Publikum zum Schmunzeln oder Nachdenken anregt – eine gute Ausgangsbasis, um sich dem eigentlichen Thema zu widmen. Möglich wäre auch, eine Situation zu schildern, die Sie beobachtet bzw. von der Sie gehört haben und die zum Thema passt.

Es versteht sich von selber, dass bei einem sehr ernsten Thema amüsante Geschichten und witzige Zitate tabu sind. Aber auch hier gilt es, die Aufmerksamkeit zu wecken. Untersuchungsergebnisse, Zitate aus Zeitungsartikeln oder auch Aussagen von Betroffenen in Form von Video- oder Tonaufzeichnungen können helfen, das Publikum auf die Problematik angemessen einzustimmen.

Hauptteil

Wenn Sie Ihr Publikum von etwas überzeugen wollen, sollten Sie darauf achten, dass die Argumente logisch aufeinander aufbauend erfolgen. In der Vorbereitungsphase ist darauf viel Zeit zu verwenden.

Die Hauptaufgabe jetzt besteht darin, das Versprechen einzulösen, das Sie am Anfang gegeben haben. Um zu unserem Beispiel Schlagfertigkeit zurückzukehren – wenn ich zu Beginn verspreche, zu zeigen, dass jeder Mensch schlagfertig werden kann, gilt es nun, den Beweis anzutreten. Halten Sie sich unbedingt an die im Einstiegsteil vorgestellte Gliederung. Noch besser ist es, wenn Sie diese in schriftlicher Form verteilen können oder zumindest als Overhead-Folie zeigen, um es den Zuhörenden so leicht wie möglich zu machen, Ihren Gedanken zu folgen.

Schluss

Der Schluss ist ausschlaggebend für den letzten Eindruck, den man von Ihnen hat, also für das, was nachwirkt. Deshalb ist es auch hier ratsam, mehr zu tun als nur übliche Verabschiedungsfloskeln zu verwenden wie:
»*Meine Damen und Herren, ich danke Ihnen für die Aufmerksamkeit.*«

Sicher, das ist nicht falsch, aber auch nicht besonders kreativ. Finden Sie einen runden Abschluss, der dem Publikum noch lange im Gedächtnis bleibt. Nach der Zusammenfassung der wichtigsten Punkte bzw. der Wiederholung der Kernbotschaft können Sie eine Schlussfolgerung oder einen Handlungsaufruf anschließen. Beispiel:
»*Wenn Sie nun auf der Straße, am Arbeitsplatz, im Büro dumm von der Seite angemacht werden, dann werden Sie nicht mehr wie ein begossener Pudel dastehen. Weil Sie jetzt die wichtigsten Schlagfertigkeitstechniken kennen.*«

Setzen Sie dem Ganzen noch ein i-Tüpfelchen auf, geben Sie Ihrem Publikum einen Denkanstoß, indem Sie mit einem Zitat, einem Witz, einer Anekdote schließen. Ich persönlich greife gerne auf Zitate bekannter Persönlichkeiten zurück. Für den Schluss eines Vortrags über Schlagfertigkeit beispielsweise ließe sich ein Schriftwechsel zitieren zwischen George Bernard Shaw und einer Schauspielerin.

Als Shaws Stück *Candida* in New York uraufgeführt wurde, schickte er der Hauptdarstellerin Cornelia Skinner eine Nachricht:
»*Ausgezeichnet unübertrefflich.*«

Die Schauspielerin, hoch erfreut über das Lob, schrieb daraufhin bescheiden zurück: »Lob unverdient.«
Shaw antworte frech: »Ich meinte das Stück.«
Cornelia Skinner konterte: »Ich auch.«
Verbinden Sie abschließend das Zitat noch mit guten Wünschen an das Publikum wie:
»Auf dass auch Ihnen künftig immer eine passende Antwort einfällt – hiermit möchte ich mich von Ihnen verabschieden.«

Schau in die Augen...

So mancher Redner ist so sehr in sein Manuskript vertieft, dass er kaum Gelegenheit hat, Blickkontakt zu den Anwesenden aufzunehmen. Ärgerlich – für beide Seiten! Für das Publikum ist es schwer und meist auch langweilig, den abgelesen Worten zu folgen. Und der Redner wiederum vergibt mögliche Sympathiepunkte.

Dabei trägt der Blickkontakt maßgeblich zum Erfolg einer Präsentation bei. Noch bevor Sie das erste Wort gesprochen haben, sollten Sie einen freundlichen Blick in die Runde werfen – damit bauen Sie den so wichtigen Kontakt auf und signalisieren darüber hinaus Sicherheit. Sie sind zuversichtlich, dass jetzt etwas sehr Interessantes folgt. Wenn Sie überzeugt sind, dann können Sie auch die anderen überzeugen.

Mit häufigem Blickkontakt während der gesamten Präsentation fühlt sich die Zuhörerschaft unmittelbar angesprochen. Sie unterstreichen damit deutlich: Ich bin an Ihrer Meinung interessiert, mir sind Ihre Reaktionen wichtig. Zudem erhalten Sie wichtige Hinweise: Hört das Publikum aufmerksam zu, blickt es wohlwollend, gibt es Unruhe, Nachfragen?

Denken Sie daran, Ihre Blickkontakte gerecht zu »verteilen«. Also, nicht zu lange immer dieselben Personen anzusehen. Die anderen könnten sich ausgeschlossen fühlen.

Karteikarten statt Manuskript

Neben der Unsicherheit gibt es noch einen weiteren Grund, der Redner nicht aufblicken lässt: das ausformulierte Manuskript. Manche Präsentatoren lesen Wort für Wort ab, nur um nichts zu übersehen. Sie klammern sich förmlich an ihre Aufzeichnungen und haben verständlicherweise keine Zeit, zwischendurch aufzublicken. Man könnte ja in der Zeile verrutschen und dann nicht weiterwissen.

Arbeiten Sie besser mit Stichwortkarten, auf die Sie die Hauptgedanken Ihrer Rede notieren. Darüber hinaus können Sie auf die Karten alle wichtigen Regieanweisungen (»hier jetzt Folie auflegen«, »danach Kartenabfrage machen« etc.). schreiben, um im Ablauf nichts zu vergessen.

Wer Stichwortkarten nutzt, wird ausreichend Blickkontakt zum Publikum haben. Sie können den Hinweis auf der Karte lesen, dann kurz überlegen, was Sie dazu sagen wollen, und beim Aussprechen Ihrer Gedanken ins Publikum schauen.

Mit Stichwortkarten zu arbeiten bedeutet nicht, völlig auf ein ausgearbeitetes Manuskript zu verzichten. Ich jedenfalls formuliere meine Präsentationen zunächst immer schriftlich aus und entwickle dann aus diesem Text die Karten – für jeden neuen Themenbereich eine neue Karte. Die Karten (am besten DIN A6) nummeriere ich durch – zur Sicherheit. Falls mir mal der ganze Stapel runterfallen sollte, kann ich die Karten im Nu wieder in die richtige Reihenfolge bringen. Karteikarten haben einen weiteren Vorteil: Man sieht das Zittern der Hände weniger als bei losem Papier. Wichtig bei der Herstellung: groß und deutlich schreiben und nur einseitig beschriften!

Das detaillierte Gliederungsschema

Einleitung – Hauptteil – Schluss – das ist die Grobstruktur einer Präsentation. Feiner untergliedert könnte der Aufbau einer Rede, z. B. über ein berufliches Projekt, das Sie vorstellen sollen, folgendermaßen aussehen:

- Aufgabe und Zielsetzung
- Beschreibung der Ausgangssituation
- Vorgehensweise/Maßnahmen
- Schwierigkeiten *und (!)* wie sie überwunden wurden
- Ergebnis
- Falls möglich: Zusatznutzen, der sich aus den Ergebnissen ziehen lässt

Wenden Sie dieses Schema bei der folgenden Aufgabe an:

Übung: Einzelvortrag

Dauer: ca. 35 Minuten
Was Sie benötigen: Stift, Papier/PC, Karteikarten, Spiegel/Videokamera
Gruppengröße: allein
So geht's: Bitte stellen Sie eine Aufgabe, die Sie kürzlich bearbeitet haben, bzw. ein Projekt, an dem Sie beteiligt sind, vor. Ihnen stehen 30 Minuten Vorbereitungszeit zur Verfügung. Der Vortrag sollte 4 bis 5 Minuten dauern.
Bitte arbeiten Sie mit Stichwortkarten.
Wenn Sie eine Videokamera haben, können Sie Ihren Vortrag aufzeichnen und hinterher auswerten. Ansonsten ist es hilfreich, vor dem Spiegel zu präsentieren und gleich an Ort und Stelle sich selbst zu beobachten.
Vielleicht finden Sie es merkwürdig, einfach so »ins Leere« zu sprechen. Doch für Übungszwecke ist dieser Schritt wichtig. Jetzt geht es darum, das zuvor Besprochene – Körpersprache, Stimme und Inhalt – in Einklang zu bringen. Es gibt auch ohne Publikum genug Faktoren, auf die Sie achten müssen.

Auswertung der Übung

Wie war die Präsentation? Kamen Sie mit dem Gliederungsschema zurecht? Wie empfanden Sie Ihre Körpersprache? Was ist schon gut gelaufen, an welchen Stellen haben Sie noch Verbesserungsbedarf?

Zweifeln Sie bitte nicht an Ihren präsentatorischen Fähigkeiten, wenn noch nicht alles so war, wie Sie es sich wünschen. Es ist noch kein Meister vom Himmel gefallen. Je öfter Sie es ausprobieren, desto besser wird es gelingen. Das wusste schon Cicero, der einst sagte: »*Reden lernt man durch Reden.*«

Gehen Sie unbedingt schrittweise voran. Wenn Sie mit der Gestik Probleme haben, dann konzentrieren Sie sich beim nächsten Mal vor allem darauf. Wenn das gut läuft, nehmen Sie das nächste Ziel in Angriff.

Keine Angst vor Fragen

Wenn Sie vor Zuschauern präsentieren, ergeben sich möglicherweise Fragen. Davor haben viele Rednerinnen und Redner Angst.
»*Was tun, wenn die etwas fragen, und ich weiß keine Antwort?*«, ist eine häufig geäußerte Befürchtung. Glauben Sie mir: Die meisten Fragen, die auf Sie zukommen, sind wohlwollend und absehbar. Wer mehrmals dieselben Vorträge vor wechselndem Publikum hält, kann das bestätigen. Es werden immer wieder bestimmte Fragen gestellt. Versetzen Sie sich vor der Präsentation in die Rolle des Publikums und überlegen Sie: Was würde ich fragen, wenn ich diesen Vortrag zum ersten Mal hörte? Sie können natürlich auch probeweise vor Freunden, Partner, Bekannten Ihre Präsentation halten und sie bitten, Fragen zu stellen. Überlegen Sie, was Sie darauf im Ernstfall antworten würden. Derartig gewappnet, werden Ihnen auch Zwischenfragen nichts anhaben, und Sie können damit souverän umgehen.

Vor allem: Entwickeln Sie eine positive Einstellung zu Nachfragen. Schließlich sind sie der deutliche Beweis für das Interesse an Ihren Ausführungen. Fragen an Sie geben Ihnen die gute Gelegenheit, mit dem Publikum direkt in Kontakt zu treten. Und: Sie können bei Nachfragen wichtige Punkte noch einmal hervorheben oder Unklarheiten beseitigen.

Umgang mit Einwänden

Einwände sollten Sie nicht von vornherein als Angriff gegen sich werten, schließlich zeigt derjenige, der den Einwand erhebt, dass er ermuntert wurde, mitzudenken.

Wenn ein Einwand kommt, seien Sie unbedingt so souverän, dass sie oder er in Ruhe ausreden und den Standpunkt formulieren kann. Schließlich hat man Ihnen auch schon eine ganze Weile zugehört. Ihnen wird es nicht schwer fallen, Ihre Position zu festigen, wenn Sie handfeste Argumente haben. Was aber tun, wenn Sie zunächst nichts entgegnen können? Hier hilft ein Griff in die Trickkiste. Eine Möglichkeit: Sie geben die Frage eines Zuschauers direkt an das gesamte Publikum zurück:

»Danke für diese Anmerkung. Bevor ich etwas dazu sage, würde ich gern noch andere Stimmen dazu hören...«
Damit verschaffen Sie sich eine Verschnaufpause, um zu überlegen, wie Sie nun reagieren können.

Alternativreaktion: Sie gehen auf den Einwand nur kurz ein, um dann geschickt zu einem Thema, zu dem Ihnen mehr einfällt, überzuleiten.

Dritte Möglichkeit: Sie haken nach. Wiederholen Sie in eigenen Worten, was der Frager vielleicht meinen könnte:
»Da muss ich noch einmal nachfragen... Wie haben Sie das gemeint, als Sie sagten...?«
Wieder haben Sie Zeit gewonnen, um die eigenen Gedanken zu sortieren.

Und: Sie tun sogar noch was für Ihr Image. Indem Sie einem Kritiker so viel Zeit einräumen und ganz genau wissen wollen, was er meint, zeigen Sie, wie souverän Sie sind und dass Sie Kritik nicht scheuen!

Taktisch klug ist es, Einwanderhebern nicht einfach zu widersprechen à la *»Nein, da haben Sie Unrecht. Ich weiß, dass...«* So macht man sich Feinde. Sie wissen doch, die emotionale Ebene in Gesprächen ist entscheidend (s. Seite 37). Besser ist es, das Gegenüber erst ein wenig zu loben und damit zu besänftigen, um erst dann den eigenen Standpunkt noch einmal zu verdeutlichen. Das entspannt die Situation ungemein. Beispiel:

»Ich verstehe, was Sie meinen. Ich hab das zunächst ganz ähnlich gesehen...«
Oder:
»Der Punkt, den Sie ansprechen, ist ganz wichtig. Vielen Dank dafür. Ich möchte in diesem Zusammenhang unbedingt darauf hinweisen, dass...«

Störenfriede

Leider geht es bei Einwänden und Zwischenbemerkungen nicht immer um einen argumentativen Austausch. Es gibt auch eine (seltene) Spezies von Zuschauerinnen und Zuschauern, die scheinbar nichts anderes im Sinn hat, als den oder die Vortragende/-n aus dem Konzept zu bringen. Wie gebietet man solch nervigen Zeitgenossen Einhalt? Das muss unbedingt sein, denn je stärker diese Personen im Mittelpunkt stehen, desto größer die Gefahr, dass sie die Präsentation gravierend stören. Als Vortragende/-r ist man in der Zwickmühle: Wenn man radikal eingreift, solchen Leuten womöglich das Wort abschneidet, gilt man schnell als autoritär oder nicht konfliktfähig. Lässt man sie gewähren, dann ist man in den Augen der anderen ruckzuck durchsetzungsschwach, jemand, der die Sache nicht im Griff hat.

Die wichtigste Regel in solchen Fällen: Lassen Sie sich nicht provozieren. Ist die Bemerkung auch noch so dumm, halten Sie sich trotzdem mit Kommentaren zurück. Bleiben Sie, auch wenn's schwer fällt, möglichst ruhig und beleidigen Sie nicht. Versuchen Sie, gelassen zu reagieren, indem Sie vielleicht die Bemerkung zunächst überhören. Bei weiteren Störversuchen können Sie sachlich und mit eigenen Worten die Aussage wiederholen: »*Sie wollen damit sagen, dass...*« Geben Sie dann nur kurz eine Antwort und wenden Sie sich dem Punkt zu, über den Sie eigentlich sprechen wollten.

Was Störenfrieden meistens den Spaß vermiest: Fragen Sie immer wieder nach und tun mehrmals so, als ob Sie die Bemerkung nicht verstanden hätten. Haken Sie schließlich auch inhaltlich nach: »*Sie sagen, glaub ich nicht – was meinen Sie genau?*« Und bohren Sie weiter: »*Wie kommen Sie zu dieser Auffassung?*« Bis dem Störer die Puste ausgeht. Meistens wird auch das restliche Publikum unruhig. Darauf können Sie eingehen: »*Ja, ich denke, das Publikum hat Recht, wir sollten jetzt wirklich weitermachen. Wo waren wir stehen geblieben?*«

Sollte jemand mit Killerphrasen um sich schmeißen (»*Kann ja jeder sagen!*«, »*Das wird sowieso nicht klappen*«), dann ist es gut, wenn Sie hier schlagfertig mit entsprechenden Antworten kontern. Am besten legen Sie sich für einen solchen Fall ein paar Standardantworten zurecht. Denn Killerphrasen sind meist nach ähnlichem Muster gestrickt, so dass man durchaus Antworten vorbereiten kann (zum Umgang mit *Killerphrasen*, Seite 59 ff.).

Lässt jemand gar nicht locker, spricht wiederholt von einem Punkt, der eigentlich nichts mit dem Thema zu tun hat, dafür aber das Weiterkommen erheblich blockiert, bieten Sie demjenigen an, nach der Veranstaltung oder in der Pause mit ihm zu sprechen.

✎ Übung: Präsentation mit Störungen

Dauer: ca. 5 bis 10 Minuten
Was Sie benötigen: Stift, Papier/PC, Karteikarten, Spiegel/Videokamera
Gruppengröße: mehrere Personen als Publikum
So geht's: Halten Sie den oben ausgearbeiteten Vortrag diesmal vor Publikum. Bitten Sie Freunde, Bekannte, Familienmitglieder, das kritische Publikum zu spielen und bewusst Fragen zu stellen, zu stören etc. So können Sie lernen, souverän mit Unterbrechungen dieser Art umzugehen. Das gibt für die Praxis enorme Sicherheit.

Auswertung der Übung: Selbst- und Fremdwahrnehmung

Um näheren Aufschluss darüber zu bekommen, an welchen Stellen Sie schon wirklich gut im Training sind und wo noch Verbesserungsbedarf besteht, beantworten Sie nach dem Vortrag bitte für sich diese Fragen schriftlich:

Wie war Ihr Körpergefühl?

_____

Wie empfanden Sie Ihre Haltung?

_____

Hatten Sie Blickkontakt? Wie war er?

_____

Wie war die Gestik?

_____

Wie empfanden Sie Ihre Mimik?

_____

Wie klang Ihre Stimme?

_____

Wie empfanden Sie die Anwesenheit des Publikums?

_____

Hatten Sie überwiegend Spaß oder Stress?

_____

Was haben Sie getan, um konzentriert zu bleiben?

_____

Diskutieren Sie hinterher in der Runde, ob die anderen Ihren persönlichen Eindruck teilen. Besprechen Sie auch, wie Sie auf die Unterbrechungen reagiert haben. Hätte es bessere Reaktionsmöglichkeiten gegeben?

Abschließen möchte ich dieses Kapitel mit einer spielerischen Übung zum Thema Verständlichkeit.

Um verstanden zu werden, muss man – wie beschrieben – klar und deutlich sprechen, sich auf die wesentlichen Aspekte reduzieren und so reden, dass der Inhalt für die Zuhörenden nachvollziehbar ist. Mit folgenden beiden Übungen können Sie Ihre Ausdrucksfähigkeit und Verständlichkeit trainieren:

✏ Übung: Bildbeschreibung

Dauer: ca. 5 Minuten
Was Sie benötigen: Stift
Gruppengröße: ab zwei Personen
So geht's: Sie brauchen dafür einen oder mehrere Mitspieler/-innen. Einer von Ihnen sieht sich die unten stehende oder auch eine andere Zeichnung genau an, ohne dass die anderen die Abbildung erkennen können, und erklärt nun möglichst exakt, was zu sehen ist. Die anderen müssen nach seinen Anweisungen das Bild zeichnen. Sie dürfen, während er erklärt, nicht nachfragen, sondern müssen sich allein auf die beschreibenden Worte verlassen. Am Ende wird verglichen, inwieweit sich Original und Zeichnung gleichen.

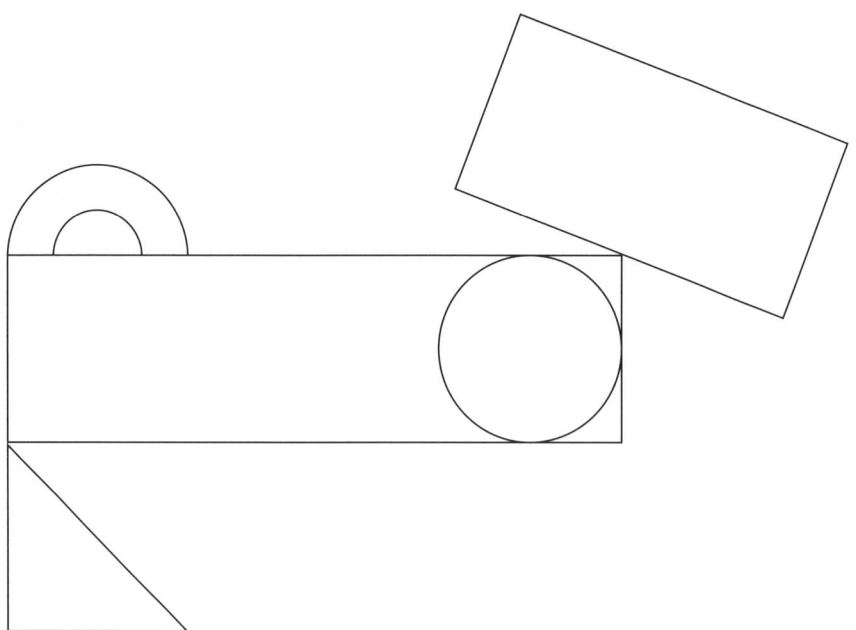

Sich präzise auszudrücken und bildhaft zu erklären – dieses Ziel hat auch folgende Übung.

Übung: Komm auf den Punkt

Dauer: ca. 5 Minuten
Was Sie benötigen: Stift
Gruppengröße: ab drei Personen
So geht's: Ähnlich wie bei der vorherigen Aufgabe üben Sie hier, sich genau auszudrücken. Diesmal sind es Stichwörter, die es zu erklären gilt. Der Witz an der Angelegenheit: Sie sollen *ohne Einsatz von Körpersprache* (!) reden.[17] Das bedeutet, es kommt darauf an, möglichst präzise zu sprechen und auf unterstützende Gesten, Mimik, Haltung etc. zu verzichten.

Falls Sie genügend Mitspieler haben, können Sie einen Moderator bestimmen, der die Begriffe auswählt und auf Karten schreibt. Bilden Sie zwei Gruppen. Wenn jemand aus dem gegnerischen Team errät, was beschrieben wurde, erhält die Gruppe einen Punkt. Kommt ein Mitglied aus dem eigenen Team auf die Lösung, gibt es zwei Punkte. Sollte der Redner im Eifer des Gefechts den Begriff nennen, der gesucht wird, dann erhält die andere Mannschaft einen Punkt.

Tipp

Um sicherer beim Sprechen zu werden, kann man diese Übung auch allein machen. Das ist sicher nicht so amüsant, übt aber, frei zu sprechen und verständlich zu formulieren.

Die wichtigsten Tipps für das Präsentations-Training

- »*Man kann nicht nicht kommunizieren.*« (Paul Watzlawick)
- Albert Mehrabian fand heraus, dass die Wirkung einer Aussage zu 55 Prozent von der Körpersprache, zu 38 Prozent von der Stimme und nur zu 7 Prozent vom Inhalt abhängt.
- Für den überzeugenden Eindruck ist es wichtig, dass Körpersprache, Stimme und Inhalt übereinstimmen.
- Körpersprache wirkt nach außen und innen.
- Ihre Stimme sagt viel über Ihre Persönlichkeit und wie Sie sich fühlen aus.

- Verständlichkeit erreichen Sie v. a. durch
  - einfache Sprache
  - kurze Sätze
  - wenig Konjunktiv und Fremdwörter
  - Aktiv- statt Passivformulierungen
  - Anschaulichkeit
  - eine klare Gliederung
- Halten Sie Blickkontakt zum Publikum. Verzichten Sie daher auf ein ausformuliertes Manuskript. Benutzen Sie besser Stichwortkarten.
- Bereiten Sie sich auf mögliche Fragen und Einwände vor.
- Lassen Sie sich von Störenfrieden nicht provozieren.

Kreativität – immer für eine Idee gut

»... Sie zeichnen sich durch Kreativität, Organisationstalent und Entscheidungsfähigkeit aus...« »... Persönlichkeiten mit Einsatzfreude und großem kreativen Potenzial sind willkommen...« »Sind Sie engagiert, motiviert und kreativ? Dann melden Sie sich...« »Wir suchen kreative Köpfe, die Spaß an der Arbeit im Team haben...«

Ein Blick in den Stellenmarkt einer Zeitung genügt, um zu erkennen, dass Kreativität eine gefragte Schlüsselkompetenz ist, die der bzw. die gesuchte Mitarbeiter/-in unbedingt mitbringen sollte.

Diese Anforderung hält durchaus geeignete Kandidaten, die sich für wenig ideenreich halten, davon ab, sich zu bewerben. Dabei stellt sich die Frage: Was ist das eigentlich – Kreativität? Fällt sie vom Himmel, ist sie gewissermaßen gottgegeben, so dass der eine sie hat, der andere aber nicht? Oder kann man auch kreativ werden?

Kreativität kann man fördern

Nach Auffassung von Gerhard Roth, Professor für Verhaltensphysiologie an der Universität Bremen, ist Kreativität ein Zustand besonders gelockerter Assoziationen von Gedanken, Vorstellungen, Gefühlen und Erinnerungen. Kreativität werde, so Roth, von unbewussten Prozessen des Gehirns bestimmt, wobei der Stoff Dopamin eine wichtige Rolle spiele: »Dopamin treibt uns zu Aktivitäten an, verspricht Belohnungen verschiedenster Art und versetzt uns in einen Zustand positiver Erwartung und eben erhöhter Ideenassoziationen.«[18]

Die Ausschüttung von Dopamin und damit das Maß an Kreativität lässt sich – laut Roth – beeinflussen. Eine wichtige Erkenntnis dabei: Routine hemmt. Also besser den Arbeitsplatz am Schreibtisch, der ohnehin mit negativen Assoziationen verbunden ist (Arbeit, Stress, Druck ...) gegen eine inspirierende Umgebung eintauschen. Was auch hilfreich ist: Bewegung. Gerade leichte motorische Aktivitäten wie Walking, Schwimmen oder Spazierengehen erhöhen die Kreativität, da hier ebenfalls Dopamin freigesetzt wird.

Auch andere Experten wie der Kreativitätsforscher und Psychologe Mihaly Csikszentmihalyi von der University of Chicago oder der Schweizer Psychiater und Kreativitätsforscher Gottlieb Guntern sind überzeugt, dass die Umgebung einen wesentlichen Einfluss darauf hat, ob Ideen sprudeln oder nicht. Guntern:»Eine neue Umgebung befreit den Geist«. Und:»Der Organismus muss im entspannten Zustand sein, damit kreative Gedanken sich entwickeln können.«[19]

Markus Mettler, Mitinhaber der Ideenfabrik Brainstore, weiß um den maßgeblichen Einfluss der Umgebung:»Wir haben ein Kreativlabor eingerichtet, dort produzieren sie [die Mitarbeiter] stehend, liegend, in der Badewanne oder im Helikopter-Nachbau jede Menge Einfälle. Je verrückter, desto größer ist die Chance, dass eine verblüffend einfache, aber gute Lösung herauskommt.«[20]

Es bringt also selten die Erleuchtung, unter Druck auf das weiße Papier starrend unbedingt und möglichst auf der Stelle den kreativen Gedanken erzeugen zu wollen. Besser ist es, sich selber inspirieren zu lassen, Neues ins Blickfeld zu nehmen, um Assoziationen bilden zu können.

Das Rad nicht neu erfinden

Und im Übrigen: Kreativität heißt nicht, nun immerzu das Rad neu erfinden zu müssen. Michael Bockemühl, Professor für Kunst an der Uni Witten-Herdecke, geht sogar so weit zu sagen:»Es gibt nichts Neues auf der Welt, nur neue Verbindungen.« Deshalb sein Tipp:»Aufmerksam sein, Dinge, die scheinbar bekannt sind, noch einmal angucken.«[21]

Häufig reicht es also schon aus, etwas Vorhandenes weiterzuentwickeln oder Verbesserungen zu erzielen. Genauso sah es Henry Ford, der Gründer des amerikanischen Automobilimperiums: Er war überzeugt, dass man nicht mit Erfindungen, sondern mit Verbesserungen ein Vermögen macht.

In vielen Firmen hat es sich herumgesprochen, dass es sich lohnen kann, Verbesserungsvorschläge von Mitarbeiterinnen und Mitarbeitern einzufordern und auch zu honorieren. Das bestätigt das Deutsche Institut für Betriebswirtschaft (dib) in Frankfurt am Main. 1,25 Milliarden Euro konnten aufgrund solcher Vorschläge von Unternehmen im Jahre 2001 eingespart werden. Das Institut befragte dazu 425 Unternehmen aus 17 Branchen.

Allein in der deutschen Ford-Zentrale spart man durch Verbesserungsvorschläge rund 16 Millionen Euro jährlich ein. Vier Millionen davon gehen wieder als Prämien an die Mitarbeiterinnen und Mitarbeiter.

In Deutschland verfügt allerdings bislang nur ein Drittel der fast drei Millionen Betriebe über ein organisiertes Vorschlagsmanagement.[22] Ideen, Gedankenspiele, ja, vielleicht auch Spinnereien sind also kein überflüssiger Schnickschnack, sie können sich wie beschrieben finanziell lohnen. Grund genug, um zu überlegen: Wie lässt sich Kreativität konkret verbessern?

Eines ist klar: Sie lässt sich fördern – vorausgesetzt, man schafft günstige Voraussetzungen und eine gewisse Kopffreiheit. Wenn Sie dann noch die eine oder andere der hier im Folgenden vorgestellten Kreativitätstechniken ausprobieren, steht Ihrem Ideenreichtum nichts mehr im Wege.

Bei den Techniken lässt sich zwischen zwei Bereichen unterscheiden:
a) die Techniken, die ganz allgemein die Fähigkeit zu kreativem Denken trainieren,
b) die Techniken, die man gezielt bei der Problemlösung einsetzt.[23]

Damit Sie erst mal warmlaufen, sich lockern und Ihr kreatives Potenzial in Wallung bringen, stelle ich Ihnen zunächst Übungen vor, die dem ersten Bereich zuzurechnen sind. Ab Seite 108 finden Sie dann Kreativitätstechniken, die Sie gezielt bei der Suche nach Lösungen einsetzen können. Zum Teil werden Sie die eine oder andere Übung vielleicht etwas merkwürdig finden. Aber sie beinhalten genau den eben beschriebenen Ansatz: durch Wörter, Begriffe, Vorstellungen dem Gehirn Assoziationsmöglichkeiten anbieten, die es selber normalerweise nicht herstellen würde. Durch die Möglichkeit zum Querdenken fallen die Schranken, und es entsteht Freiraum für schöpferische Leistungen.

Allgemeine Kreativitätstechniken

Zur Einstimmung: Wie steht es um Ihren Einfallsreichtum? Testen Sie das doch gleich einmal mit folgenden fünf Aufgaben.

✎ Übung: Test Einfallsreichtum[24]

Dauer: 9 Minuten
Was Sie benötigen: Stift, Uhr mit Sekundenzeiger bzw. Stoppuhr
Gruppengröße: allein oder mit mehreren
So geht's: Ich nenne Ihnen verschiedene Begriffe. Sie schreiben Wörter auf, die mit dem genannten Begriff etwas zu tun haben.

1) Denken Sie an die Farbe Blau. Was fällt Ihnen dazu ein?

Notieren Sie alle Gegenstände, Objekte, Begebenheiten, die immer oder häufig blau sind. Schreiben Sie so viele Wörter wie möglich auf. Für jeden Begriff gibt's einen Punkt. Sie haben eine Minute Zeit. Los geht's:

_____

_____

_____

_____

2) Denken Sie nun an die Farbe Gelb. Welche Gegenstände, Objekte, fallen Ihnen hier ein, die immer oder meist gelb sind? Für jeden Begriff gibt's einen Punkt. Jetzt haben Sie zwei Minuten Zeit.

_____

_____

_____

_____

bitte freimachen

Ja,
ich möchte den *Eichborn-Prospekt* gern haben.

Meine Anschrift

Name, Vorname

Straße, Nr.

PLZ, Ort

Eichborn AG
Kaiserstraße 66

60329 Frankfurt am Main

»Volker Kriegels *Olaf, der Elch* war schon der Clou. Der trötende Erwin ist einfach bärenstark.«
Die Welt

Volker Kriegel
Erwin mit der Tröte
Durchgehend vierfarbig
64 Seiten, gebunden
€ 14,95 (D) · sFr 26,90
ISBN 3-8218-3740-3

Lieben Sie *spannende* Stories, *anspruchsvolle* Literatur, *unterhaltsame* Sachbücher *und durchschlagenden* Humor?

Dann sollten Sie mit dieser Karte unseren kostenlosen *aktuellen Verlagsprospekt anfordern.*
Er gibt Auskunft über die Bücher aus dem *Verlag mit der Fliege,* der zu den wenigen konzernunabhängigen Publikumsverlagen zählt. Sie finden darin *Belletristik, Sachbücher, Ratgeber, Cartoons* ebenso wie *Hörbücher* und *Geschenkartikel.*

Diese Karte einfach lesbar mit Ihrem Absender versehen, frankieren und zur Post geben. Anforderung per *Fax unter 069/25 60 03-30*

Besuchen Sie uns im Internet: www.eichborn.de

3) Denken Sie an das Eigenschaftswort hart. Welche Dinge, Gegenstände, Projekte fallen Ihnen ein? Für jeden Begriff gibt's wieder einen Punkt. Eine Minute Bedenkzeit für Sie – ab jetzt:

_____

_____

_____

_____

4) Denken Sie nun an Essbares: Was kann man alles essen?
Für jeden Begriff gibt's einen Punkt. Eine Minute Zeit für Sie, die Ideen fließen zu lassen:

_____

_____

_____

_____

5) Denken Sie nun an die Zahl Drei. Schreiben Sie Wörter auf, die mit der Zahl Drei verknüpft sind, die etwas mit der Zahl Drei zu tun haben – möglichst viele und unterschiedliche. Es gibt wieder einen Punkt pro Begriff. Sie haben drei Minuten Zeit.

_____

_____

_____

_____

Lösungsvorschläge und Auswertung auf Seite 205 f.

Wie steht es um Ihre sprachliche Kreativität? Sie können sie mit folgenden Aufgaben fördern:

✐ Übung: Wortbildung

Dauer: 5 Minuten
Was Sie benötigen: Stift, Uhr mit Sekundenzeiger bzw. Stoppuhr
Gruppengröße: allein oder mit mehreren
So geht's: Bilden Sie aus folgender Buchstabenkombination so viele Wörter wie möglich. Sie müssen nicht immer alle Buchstaben verwenden.
Die Buchstabenkombination lautet:

E N I A E G Z

_____

_____

_____

Auswertung und Lösung auf Seite 207.

✐ Übung: Synonyme finden

Dauer: 15 Minuten
Was Sie benötigen: Stift, Uhr mit Sekundenzeiger bzw. Stoppuhr
Gruppengröße: allein oder mit mehreren
So geht's: Finden Sie Synonyme, also Wörter mit der gleichen oder sehr ähnlichen Bedeutung, zu den unten aufgeführten Begriffen.
Beispiel: Wenn das vorgegebene Wort »befürworten« heißt, könnten Sie folgende Synonyme anführen:
- gutheißen
- begrüßen
- unterstützen
- dafür sein
- einsetzen für
- zustimmen
- zuraten

Allgemeine Kreativitätstechniken   105

- eintreten für
- sprechen für
- sich verwenden für etc.

Wie Sie sehen, ist auch bei dieser Übung verstärkt Ihre sprachliche Kreativität gefragt. Alles klar? Dann kann es ja losgehen.

1) Lohn:

_____

_____

2) hören:

_____

_____

3) berufstätig:

_____

_____

4) jammern:

_____

_____

5) Kampf:

_____

_____

6) Scherz:

_____

_____

7) attraktiv:

8) betrügen:

9) Freude:

10) kreativ:

Lösungsvorschläge und Auswertung auf Seite 207 f.

Übung: Abkürzungen interpretieren

Dauer: 15 Minuten
Was Sie benötigen: Stift, Uhr mit Sekundenzeiger bzw. Stoppuhr
Gruppengröße: allein oder mit mehreren
So geht's: Schreiben Sie auf, was sich noch hinter den Abkürzungen – wenn Sie Ihrer kreativen Fantasie freien Lauf lassen – verbergen könnte. Also: »u. a.« muss nicht unbedingt »unter anderem« heißen, es könnte auch die Abkürzung sein für »Umtausch ausgeschlossen« oder »unangemessen ausgelassen« sein …
    »D.h.« kann statt »das heißt« auch »Dackelverein Hannover« oder »doll hungrig« bedeuten. Nun versuchen Sie sich:

1) z. B.:

2) FDP

___

3) AG

___

4) MfG

___

5) GmbH

___

6) ARD

___

7) dpa

___

8) FBI

___

9) DGB

___

10) BSC

___

Lösungsvorschläge auf Seite 207.

Wenn bei Ihnen demnächst eine Sitzung, ein Meeting, ein Workshop ansteht, wo es darum geht, im Team nach kreativen Lösungen zu suchen, ist es sinnvoll, auf eine der im nächsten Abschnitt folgenden lösungsorientierten Techniken zurückzugreifen. Aber eins sollten Sie nicht vergessen. Wie vor einer sportlichen Herausforderung gilt auch für die grauen Zellen: Aufwärmen ist wichtig. Dazu bietet sich folgende Übung an, die ich Ihnen vorab vorstellen möchte.

Übung: Lass Bilder sprechen

Dauer: 30 Minuten bis eine Stunde
Was Sie benötigen: Stift, Uhr mit Sekundenzeiger bzw. Stoppuhr, Karten, Tafel oder Flipchart oder großen Block, Box
Gruppengröße: ab vier Personen
So geht's: Fordern Sie alle Mitglieder auf, Sprichwörter und Volksweisheiten, die ihnen spontan einfallen, auf jeweils eine Karte zu schreiben. Es sollten mindestens 20 bis 30 verschiedene Sprichwörter zusammenkommen. Alle Karten werden in eine Box geworfen.

Nun geht es reihum. Ein Gruppenteilnehmer zieht eine Karte und sorgt dafür, dass niemand außer ihm lesen kann, welches Sprichwort draufsteht. Und – ähnlich wie bei der Fernsehsendung Montagsmaler – gilt es nun, das Geschriebene so zu zeichnen, dass die anderen das Sprichwort erraten können.

Diese Übung ist nicht nur witzig und unterhaltsam, sie ist eine ideale Vorbereitung auf kreatives Arbeiten, weil hier nicht nur die linke, analytische Gehirnhälfte, sondern auch die rechte aktiviert wird (siehe Seite 131f.).

Tipp

Wenn Sie die Vorbereitung abkürzen wollen, können Sie natürlich schon im Vorfeld Sprichwörter aufschreiben. Auf Seite 208f. finden Sie einige Vorschläge.

Lösungsorientierte Kreativitätstechniken

Brainstorming

Eine der wohl bekanntesten, ältesten und am häufigsten angewandten Kreativitätstechniken ist das Brainstorming. Sie können diese Methode allein, besser aber noch – weil gegenseitig befruchtend – im Team einsetzen. Der Effekt: Brainstorming verhilft innerhalb kürzester Zeit zu einer Vielzahl von Ideen. Dabei geht es wie gesagt nicht darum, das Rad neu zu erfinden, sondern bereits im Kopf vorhandene Gedanken in Worte zu fassen und durch andere Gedanken (von Ihnen selbst oder aber anderen Teilnehmern) so miteinander zu vernetzen, dass daraus eine neue Idee entwickelt wird. Die neuen Ideen fallen also nicht vom Himmel, sondern sind das Ergebnis von schon Dagewesenem, das nun neu betrachtet, verändert, ergänzt etc. wird. Ein amerikanischer Manager brachte es treffend so auf den Punkt: »Das Wesen des kreativen Prozesses ist, das Vertraute als fremd zu betrachten.« Wir haben die Lösung also in uns, müssen nun überlegen, wie wir aus dem, was wir haben, Neues entwickeln. Dazu müssen wir aber zunächst an die Gedanken herankommen. Hierfür ist das Brainstorming geeignet.

Noch ein Hinweis zu den Fragen, auf die Sie per Brainstorming Antworten suchen: Wenn Sie Fragen formulieren, dann immer in positiver Form. Also statt:

»Warum war der Umsatz im letzten Jahr so niedrig?«
Besser:
»Was können wir tun, um den Umsatz im nächsten Jahr zu erhöhen?«

Wenn Sie nämlich die Frage nach erstgenanntem, negativem Muster formulieren, werden Sie unweigerlich Antworten bekommen, die alles das benennen, was schlecht gelaufen ist. Das wird Sie nicht viel weiterbringen.

Besser, Sie wählen die zweite Variante, denn aus dieser Fragestellung lassen sich positive Antworten und damit Handlungsvorschläge ableiten.

Nun gibt es für Sie die Möglichkeit, gleich einmal selbst die Übung auszuprobieren:

✎ Übung: Brainstorming

Dauer: ca. 20 bis 30 Minuten (ggf. auch zwei Sitzungen an zwei Tagen, wenn die Auswertung erst am nächsten Tag vorgenommen wird)
Was Sie benötigen: Stift, Uhr mit Sekundenzeiger bzw. Stoppuhr, Tafel oder Flipchart
Gruppengröße: vier bis zehn Personen
So geht's: Am besten sollte die Gruppe einen Moderator wählen oder jemanden hinzubitten, der diese Rolle übernimmt. Der Moderator nennt das Thema und formuliert daraus die erste Frage, die er für alle sichtbar z. B. auf ein Flipchart oder eine Tafel schreibt. Es sollte sich dabei um eine offene Frage handeln, also keine die mit ja oder nein beantwortet werden kann. Außerdem sollte sie – wie oben beschrieben – positiv ausgerichtet sein. Fragenbeispiele:

- *Was können wir tun, um die interne Kommunikation in unserem Unternehmen zu verbessern?* (Und nicht: *Können wir die interne Kommunikation in unserem Unternehmen verbessern?*)

- *Welche Möglichkeiten bestehen, um die Arbeitsplätze zu sichern?*
- *Wie lässt sich der Umsatz steigern?*

Nun gibt es zwei Möglichkeiten der Antwortsammlung:
a) der Moderator notiert die Vorschläge sichtbar, die die Einzelnen ihm zurufen. So geht nichts verloren und die übrigen Teilnehmer können den Gedanken leichter aufnehmen, um selbst daraus etwas Neues zu entwickeln.
b) Moderationskarten werden verteilt, und jeder Teilnehmer schreibt seine Ideen auf Karten (nur ein Gedanke pro Karte). Der Moderator sammelt die Karten ein und pinnt/klebt sie sichtbar an (ohne zu kommentieren oder dergleichen). Er kann auch schon thematische Gruppen dabei bilden, das heißt, Vorschläge, die in dieselbe Richtung gehen, zu einer Gruppe zusammenfassen (clustern). Nun schauen sich die Teilnehmerinnen und Teilnehmer in Ruhe alle Vorschläge an. In der Regel folgt daraus noch eine zweite Runde an Ideen, die jetzt gleich dazugeschrieben werden.

Regeln für das Brainstorming

Egal, ob man sich für a) oder b) entscheidet – wichtig ist: Die Teilnehmer einer Brainstorming-Sitzung müssen Regeln einhalten, um den Erfolg der Methode auch zu gewährleisten. Sofern es einen Moderator gibt, sollte er darauf achten, dass dies der Fall ist. Die wichtigsten Regeln sind:

- Alle Ideen – und seien sie auch noch so absurd – sind willkommen.
- Kritik ist verboten. Keiner darf sich zu dem Vorschlag eines anderen äußern, bevor die Brainstorming-Runde beendet ist. Das gilt auch für Lob. Und: Denken Sie dabei auch an die nonverbalen Signale. Sie wissen, wie wichtig *Körpersprache* in der Kommunikation ist (siehe Seite 70f.). Jeder Teilnehmer sollte versuchen, eine möglichst neutrale Haltung einzunehmen und nicht durch Mimik, Gestik oder Haltung sein Ge- oder Missfallen zum Ausdruck zu bringen.
- Masse geht vor Klasse. Jede/-r sollte so viele Vorschläge wie möglich entwickeln. Je mehr, desto größer die Chance, daran anzuknüpfen und etwas Neues daraus zu entwickeln.
- Die Ideen anderer können, ja sollen sogar aufgegriffen und weiterentwickelt werden. Also: Keine Angst vor dem Vorwurf des Ideenklaus. Hier ist gerade erwünscht, die Vorschläge andere aufzunehmen und damit etwas zu machen.

Erfahrungsgemäß verebbt der Ideenfluss nach 5–10 Minuten. Jetzt gilt es, nicht gleich aufzugeben. Meist geht es schon nach »kurzer Erholung« weiter. Schließlich müssen die Vorschläge erst mal im Kopf arbeiten, damit sich daraus neue Ideen entwickeln lassen. Erst wenn wirklich nichts mehr kommt, sollte man eine Pause (mindestens 20 Minuten, vielleicht sogar einen Tag) einlegen, um anschließend an die kritische Bewertung zu gehen.

Die Gruppe diskutiert: Welche Ideen sollten aufgenommen, besprochen bzw. weiterentwickelt werden?

☞ **Tipp**

Wenn Sie allein Brainstorming machen wollen, nehmen Sie sich am besten ein Papier und formulieren zunächst die Frage schriftlich, die zu lösen ist. Danach machen Sie es sich selbst zur Aufgabe, mindestens 15 Ideen, Anregungen, Gedanken und Antworten zu finden. Anschließend lassen Sie Ihr Papier eine Weile liegen, am besten schlafen Sie eine Nacht darüber, schauen am nächsten Tag noch mal drauf, ergänzen es ggf., um dann mit der Auswertung zu beginnen.

Brainwriting

Eine Vertiefung des Brainstorming stellt das Brainwriting dar, das z. B. mit der 6-3-5-Methode praktiziert werden kann.

Übung: 6-3-5-Methode

Dauer: 1 bis 3 Stunden inklusive Auswertung
Was Sie benötigen: 6 Papiere, Stifte
Gruppengröße: 6 Personen
So geht's: Jeder Teilnehmer erhält ein Papier mit der Fragestellung. Darunter zeichnet er eine Tabelle mit vier Spalten und sechs Reihen.

Über die Tabelle schreibt jeder die Fragestellung auf, um die es geht: z. B. *Unsere Firma wird 50 Jahre alt – wie machen wir öffentlichkeitswirksam darauf aufmerksam?*

In die erste Spalte werden die Teilnehmernamen eingetragen, die zweite, dritte und vierte bleiben zunächst frei. Hier schreiben alle im Verlauf der Übung ihre Ideen ein.

Das Papier könnte so aussehen:

Frage: Unsere Firma wird 50 Jahre alt – wie machen wir öffentlichkeitswirksam darauf aufmerksam?			
Teilnehmer/ -innen	1. Vorschlag	2. Vorschlag	3. Vorschlag
Ulrike			
Hagen			
Daniela			
Torben			
Inge			
Peter			

Die Teilnehmerinnen und Teilnehmer sollten sich so hinsetzen, wie es die Reihenfolge auf dem Papier vorsieht. Nun geht's also los. Alle sechs Personen halten jeweils ihr vorbereitetes Papier in Händen und schreiben nun drei Ideen zu der Ausgangsfrage auf. Jeder hat fünf Minuten, um drei Vorschläge zu entwickeln. Ist die Zeit um, werden die Papiere im Uhrzeigersinn an den Nächsten weitergereicht. Der liest nun zunächst, was sein Vorgänger in die drei Felder eingetragen hat, und entwickelt drei weitere Ideen. Dabei bleibt es ihm überlassen, ob er sich von dem schon auf dem Papier Geschriebenen inspirieren lässt und einen Gedanken beispielsweise weiterführt, oder ob er etwas ganz Neues hinzufügt. Nach fünf Minuten werden die Papiere weitergereicht und es wird nach dem gleichen Prinzip verfahren. Wichtig: Die Teilnehmer sollten sich selbst nicht beschneiden – auch Verrücktes ist erlaubt. Hauptsache, es bleibt kein Feld frei.

Am Ende hält jeder Teilnehmer wieder das Ausgangspapier in Händen und kann nachlesen, was die nach ihm folgenden eingetragen haben.

Zum Schluss werden alle Ergebnisse der Gruppe präsentiert, um dann die Vorschläge zu diskutieren und daraus ein Konzept abzuleiten.

Das Tolle bei dieser **6-(=6** *Teilnehmer*)**-3(=3** *Vorschläge*)**-5(=5** *Minuten*)**-**Übung: Innerhalb von 30 Minuten entstehen dabei 108 neue Ideen, Vorschläge, Einfälle. Ein echter Fundus, aus dem man schöpfen kann, um daran anzuknüpfen.

☞ Tipp

In abgewandelter Form ist die 6-3-5-Methode auch als Einzelübung machbar, Sie sollten dann jedoch etwas mehr Zeit einplanen, um zwischen einzelnen Runden immer wieder Pausen einzulegen. Es ist sogar empfehlenswert, die Übung über zwei Tage laufen zu lassen. Erfahrungsgemäß hilft es, über die eigenen Gedanken mal eine Nacht zu schlafen, um genügend Abstand und damit neue Sichtweisen zu entwickeln.

Wenn neue Vorschläge gebraucht werden, herrscht oft das großes Schweigen und Achselzucken. So sehr man auch nachdenkt, irgendwie kommt der Gedankenfluss nicht in Gang. Um derlei Blockaden zu lösen, empfiehlt sich folgende Übung, die darüber hinaus auch noch zu neuen Ideen führt.

✏ Übung: Paradoxe Antworten

Dauer: 10 bis 20 Minuten plus Auswertung
Was Sie benötigen: Stift, Papier, ggf. Flipchart/Tafel
Gruppengröße: allein oder in der Gruppe
So geht's: Bei dieser Methode kehrt man die Problemstellung ins Gegenteil um. Also: Wenn die Frage eigentlich lautet: »*Was können wir tun, um das Betriebsklima zu verbessern?*«, würde sie nun heißen: »*Was können wir tun, um das Betriebsklima zu verschlechtern?*«

Wozu das Ganze? Es zeigt sich, dass es oft einfacher ist, das Problem von der entgegengesetzten Seite aus zu betrachten. Und noch ein Vorteil: Der Druck, eine möglichst tolle Idee zu produzieren, fällt weg oder rückt zumindest für eine Weile in den Hintergrund. Folge: Man kann den Gedanken freien Lauf lassen. Und genau das ist bekanntermaßen nötig, um wirklich kreativ zu werden. Hat man nun alle negativen Vorschläge gesammelt und aufgeschrieben (in der Gruppe für alle sichtbar z. B. am Flipchart), geht es nun darum, die genannten Punkte wieder ins Positive umzukehren. Und siehe da – der eine oder andere brauchbare Vorschlag kristallisiert sich heraus.

Semantische Intuition

Sich vom eigentlichen Problem lösen, um sich ihm dann auf Umwegen wieder zu nähern – dazu dient auch eine weitere Kreativitätstechnik: die semantische Intuition. Wenn Sie auf der Suche nach einem neuen Namen für ein Produkt sind oder Sie müssen sich etwas für eine Webekampagne einfallen lassen, versuchen Sie es doch mal mit dieser Methode.

Übung: Semantische Intuition

Dauer: 30 Minuten bis eine Stunde
Was Sie benötigen: Stift, Papier
Gruppengröße: allein
So geht's: Zunächst wählen Sie zwei Wörter aus. Das erste sollte mit dem Themenbereich, um den es geht, zu tun haben. Das zweite sollte so wenig wie möglich mit dem ersten zu tun haben. Nun gilt es, jeweils zwanzig weitere Hauptwörter zu finden, die zu den beiden ausgesuchten passen. Haben Sie 40 Wörter aufgeschrieben, kombinieren Sie jedes Wort mit jedem.

Ist das erledigt, schauen Sie sich jedes Wort genau an. Welche Idee verbirgt sich dahinter? Steckt darin vielleicht ein Konzept? Was kann man daraus machen? Ergibt sich ein Name?

Stellen Sie sich vor, Sie arbeiten in einem Möbelhaus. Nun gilt es, für das Sortiment eine Werbekampagne zu entwickeln. Als Erstes wählen Sie einen Begriff, z. B. Couch. Als Zweites den Begriff Palme. Nun geht es los. Sammeln Sie jeweils 20 Hauptwörter, die Ihnen dazu einfallen. Bitte keine zusammengesetzten Hauptwörter benutzen, sondern diese trennen. Aus Wohnzimmerschrank wird also Wohnzimmer und Schrank.

Folgende Tabelle zeigt, wie es geht:

Couch	Palme	Kombinationen
Wohnzimmer	Urlaub	Wohnzimmer-Urlaub, Urlaubs-Wohnzimmer...
Tisch	Sommer	Tisch-Urlaub, Urlaubs-Tisch, Tisch-Sommer, Sommer-Tisch...
Feierabend	Sand	Feierabend-Sand, Sand-Feierabend, Feierabend-Sommer...

Ofen	Kokosnuss	Ofen-Kokosnuss, Kokosnuss-Ofen, Ofen-Urlaub, Urlaubs-Ofen, Ofen-Sommer…
Feder	Tropen	Feder-Tropen, Tropen-Feder, Feder-Urlaub, Kokosnuss-Feder…
Buch	Karibik	Buch-Karibik, Karibik-Buch, Buch-Sommer, Sommer-Buch, Buch-Sand, Sand-Buch…
Fernseher	Strand	Fernseher-Strand, Strand-Fernseher, Fernseher-Tropen, Tropen-Fernseher…
Ruhe	Ausland	Ruhe-Ausland, Auslands-Ruhe, Ruhe-Urlaub, Karibik-Ruhe, Ruhe-Strand…
Entspannung	Hitze	Entspannungs-Hitze, Hitze-Entspannung, Entspannungs-Palme…
Wein	Reggae	Wein-Reggae, Reggae-Wein, Wein-Kokosnuss, Kokosnuss-Wein…
Geburtstag	Cocktail	Geburtstags-Cocktail, Tropen-Geburtstag, Geburtstags-Ausland, Strand-Geburtstag…
Lampe	Bar	Lampen-Bar, Bar-Lampe, Lampen-Palme, Palmen-Lampe, Lampen-Hitze…
Polyester	Rum	Polyester-Rum, Polyester-Palme, Sommer-Polyester…
Wolldecke	Meer	Wolldecken-Meer, Meeres-Wolldecke, Wolldecken-Rum, Bar-Wolldecke…
Familie	Hängematte	Familien-Hängematte, Hängematten-Familie, Familien-Sommer, Sommer-Familie…

Freunde	Party	Freunde-Party, Party-Freunde, Freunde-Karibik…
Schlaf	Werbung	Schlaf-Werbung, Werbungs-Schlaf, Schlaf-Hitze, Hitze-Schlaf, Schlaf-Cocktail…
Traum	Boot	Traum-Boot, Boot-Traum, Traum-Urlaub, Urlaubs-Traum, Traum-Bar…
Kissen	Insel	Kissen-Insel, Insel-Kissen, Kissen-Reggae, Reggae-Kissen…
Leder	Fisch	Leder-Fisch, Fisch-Leder, Leder-Sand, Sand-Leder, Leder-Hängematte, Fisch-Werbung…

Haben Sie schon entdeckt, welches Konzept man aus diesen wahllos zusammengestellten Begriffen entwickeln könnte? Wie wäre es mit einer Möbelpräsentation am Strand? Mit Cocktails, die man auf einem ganz bequemen Sofa mit Freunden an einem entspannten Abend einnimmt?

Wie wäre es mit dem Sofa, das an die Urlaubsorte »kommt« (Präsentation auf Mallorca, Gran Canaria oder Rügen)? Vor Ort darf sich der Urlauber und potenzielle Kunde von einem DJ den Lieblingssong (Reggae?) wünschen, damit er beim Anblick des Sofas (in der Heimat) immer an die schöne Urlaubszeit erinnert wird und den Wunsch hat, es zu kaufen?

Andere Idee: Wir nennen das knallrote Sofa Bloody Mary, weil sich darauf so wunderbar Longdrinks schlürfen lassen. Passend dazu wird vom Möbelhaus die Barlampe Kokosnuss angeboten, die eine passende Atmosphäre zaubert. Möglich wäre als Zugabe auch die kuschelige Wolldecke in Meeresblau.

Oder wir starten die Kampagne: Unser Wohnzimmer ist unsere Insel, auf der wir uns entspannen können. Finden Sie im Möbelhaus den verborgenen Schatz. 1. Preis: Eine Wohnzimmereinrichtung im Wert von…

Sie sehen schon, bereits wenige Begriffe lassen die Ideen sprudeln.

Wenn nun allerdings der erste Versuch nicht die gewünschten Ergebnisse gebracht hat, starten Sie eine zweiten Anlauf, indem Sie wieder neue Begriffe suchen, Assoziationen und anschließend Kombinationen bilden. Wetten, dass dabei mindestens eine verwertbare Idee herausspringt!?

Vorstellungskraft steigern

Manchmal sieht man den Wald vor lauter Bäumen nicht. Man dreht sich mit seinen Gedanken im Kreis. Gut, wenn man sich dann mit anderen »kreativen Köpfen« austauschen kann, um neue Perspektiven zu entwickeln. Doch das ist leider nicht immer möglich. Manchmal sitzt man eben ganz allein vor einer Aufgabe und braucht unbedingt einen kreativen Einfall. In diesem Fall sind die so genannten Imaginationstechniken eine gute Hilfe. Sie verhelfen dazu, unterschiedliche Blickwinkel einzunehmen und eine Distanz zu dem Problem herzustellen, indem man z. B. in verschiedene Rollen schlüpft.

Kreativitätsmethode nach Disney
Eine sehr bekannte Kreativitätstechnik dieser Art stellt die Kreativitätsmethode nach Disney dar.

Einer der Trickfilmzeichner Walt Disneys hat einmal gesagt: »Es gibt drei unterschiedliche Walts: den Träumer, den Realisten und den Kritiker.« Denn diese Dreiteilung wandte Walt Disney, so wird erzählt, immer bei der Suche nach Ideen an. Dazu richtete er sich drei Räume ein – den Traumraum, den Realitätsraum und den Kritikraum, in die er sich bei der Arbeit nacheinander zurückzog. Im Traumraum versuchte er, Visionen zu entwickeln. Im Realitätsraum überlegte er, wie die Ideen in die Realität umgesetzt werden können. Im Kritikerraum hinterfragte er die Ideen und Einfälle kritisch und suchte nach Schwachstellen.

Übung: Kreativitätsmethode nach Disney

Dauer: Je nach Problemstellung eine halbe bis 2 Stunden
Was Sie benötigen: 3 Räume bzw. 3 Plätze in einem Raum, Stift, Papier
Gruppengröße: allein
So geht's: Auch wenn Sie nicht wie Walt Disney über so luxuriöse Möglichkeiten verfügen, dass sie für jede Sichtweise den Raum wechseln können, müssen Sie trotzdem nicht auf diese Technik verzichten. Richten Sie stattdessen in einem Zimmer drei entsprechende Plätze (»Traum-Ecke«, »Realitäts-Ecke«, »Kritik-Ecke«) mit Sitzmöglichkeiten ein.

Gehen Sie zunächst in die Traumecke. Stimmen Sie sich ein, indem Sie sich an Situationen zurückerinnern, in denen Sie sehr fantasievoll waren. Setzen Sie sich hin und führen Sie sich die zu lösende Aufgabe vor Augen (die positiv formuliert sein soll, s. o. Brainstorming) und fragen Sie sich: Welche Fantasien haben ich zu dem Thema, was fällt mir spontan ein? Trauen Sie sich ruhig zu spinnen und zu träumen. Denken Sie auch Abwegiges. Stellen Sie bisher Gültiges in Frage. Bremsen Sie sich nicht selber aus, indem sie schon jetzt über Machbarkeit oder dergleichen nachdenken. Sie sind in der Traumecke, damit befinden Sie sich im Reich der Fantasie. Am besten halten Sie alle Ihre Ideen schriftlich fest.

Wenn der Ideenfluss verebbt, wechseln Sie Ihren Platz. Nun gehen Sie in die Realitätsecke. Hier überlegen Sie, welches Ziel wann erreicht sein soll. Sie können über Zwischenschritte, gewissermaßen die Etappen auf dem Weg zum großen Ziel nachdenken. Zu überlegen ist, ob Sie alle Fähig- und Fertigkeiten haben, um diese Ziele zu erreichen. Wollen Sie es allein machen, oder benötigen Sie Unterstützung? Wer käme dafür in Frage? Was muss also an Bedingungen gegeben sein, damit der Traum Realität wird? Haben Sie diese Fragen beantwortet, können Sie wieder wechseln.

In der Kritikecke setzen Sie sich mit dem Vorhaben auseinander: Was spricht für den/die Plan/Pläne? Woran könnte es scheitern? Ist das Erreichen des Ziels von jemand anderem abhängig? Was könnte diese Person dagegen haben? Gibt es Schwachstellen, was fehlt? Welche Vorteile, welche Nachteile bringt der Plan usw. Betrachten Sie Ihre Ergebnisse von allen Seiten kritisch.

Wenn die Kritik klar formuliert ist, können Sie eine weitere Runde einlegen. Nehmen Sie diese Gedanken auf und versuchen Sie, daraus neue Visionen und Ideen zu entwickeln. Danach schätzen Sie erneut kritisch die Machbarkeit ein. Im Idealfall wird diese Methode so lange durchgespielt, bis alle Steine aus dem Weg geräumt sind.

Osborn-Checkliste
Sie haben die eine oder andere Kreativitätstechnik angewandt, dabei auch Ideen zutage gefördert, aber irgendwie sind Sie mit dem Ergebnissen nicht zufrieden? Mit der Osborn-Checkliste können Sie Ihre Einfälle weiterentwickeln, denn das Ziel dieser Methode liegt darin, bislang nicht beachtete Aspekte einer Sache zu betrachten bzw. Veränderungsmöglichkeiten von Bestehendem herauszufiltern.

Übung: Osborn-Checkliste

Dauer: 30 Minuten bis eine Stunde
Was Sie benötigen: Stift, Papier
Gruppengröße: allein
So geht's: Die Osborn-Checkliste besteht aus neun Basisfragen, die Sie in Bezug

auf Ihre Aufgabe beantworten. Auch wenn Ihnen die eine oder andere Frage merkwürdig vorkommt, geben Sie nicht auf. Überspringen Sie sie vielleicht zunächst, um erst die weiteren Fragen zu beantworten. Sie sollten aber dann wieder zu den offenen Fragen zurückkehren.

Die Fragen lauten:

- Wie kann man »es« (die Idee, das Produkt, die Dienstleistung) *anders verwenden*, also: gibt es eine alternative Gebrauchsmöglichkeit? Fallen Ihnen andere Zielgruppen ein?
- Wie kann man »es« *anpassen*? Was ähnelt dieser Idee / diesem Produkt? Was kann aus anderen Bereichen nachgeahmt werden?
- Wie kann man »es« *verändern*? Sind andere Farben, Formen, Töne, Gerüche, Ausprägungen möglich?
- Kann man »es« *größer* machen? Lässt sich etwas ergänzen, hinzufügen? Kann man die Häufigkeit erhöhen, die Länge oder den Abstand erweitern?
- Kann man »es« *verkleinern*? Wo könnte man etwas weglassen, wie lässt es sich reduzieren, dünner, leichter machen?
- Kann man »es« *ersetzen*? Oder gibt es Teile, die sich ersetzen lassen? Lässt sich der Prozess verändern?
- Gibt »es« eine *neue Anordnung*? Kann man es ins Gegenteil verkehren? Was könnte man umstellen? Lässt sich die Reihenfolge vertauschen?
- Womit lässt »es« sich *kombinieren*? Oder können Teile kombiniert werden? Ist es möglich, unterschiedliche Ideen miteinander zu verbinden?
- Kann man »es« *transformieren*? Kann man es verflüssigen, schrumpfen, durchlöchern, ausdehnen?

Zur Verdeutlichung ein Beispiel. Stellen Sie sich vor, ein Ergebnis einer Brainstorming-Sitzung lautete: »Unsere Firmenzeitung soll interessanter werden.« Fragt sich nur, wie? Mit der Osborn-Checkliste können Sie Ideen entwickeln:

- *Anders verwenden*: als Gutschein für verbilligten Eintritt im Stadttheater, beim Einkauf Rabatt...
- *anpassen*: Wie die Lokalzeitung aktueller berichten, mehr Fotos, mehr Interviews, auch Leserbriefe müssen sein, ein Gewinnspiel...
- *verändern*: modernes Layout, mehrfarbiger Druck...
- *vergrößern*: mehr Seiten, Ratgeberteil, häufiger und damit aktueller, mehr Mitarbeiter...

- *verkleinern*: handlicheres Format...
- *ersetzen*: keine langen Reden mehr abdrucken, kein Beamtendeutsch, kein Nominalstil...
- *neu anordnen*: vorne Inhaltsübersicht, Fotos der Redaktion und Autoren, Mitarbeiter des Monats...
- *kombinieren*: Zusammenarbeit mit Zeitung vor Ort, gemeinsame Aktionen mit Vereinen, Austausch mit der Mitarbeiterzeitungs-Redaktion eines guten Kunden, gemeinsame Aktionen...
- *transformieren*: von der Mitarbeiter- zur Ortsteilzeitung; interessant auch für (Noch-)Nicht-Mitarbeiter; Lebenshilfe-Magazin; Reisemagazin: Tipps von Mitarbeitern, Hobbys, Ehrenämter..., »die gute Tat – unsere Firma hilft!« (Spendenaktion), Führungskräfte privat...

Konzeptentwicklung

Sie haben jetzt einige Übungen kennen gelernt, die Ihnen dazu verhelfen, neue Einfälle zu finden bzw. bereits vorhandene weiterzuentwickeln. Vielleicht haben Sie mit der einen oder anderen Methode eine ganze Menge von Ideen gefunden. Was tun Sie nun damit? Die Übung Konzeptentwicklung hilft Ihnen weiter:

Übung: Konzeptentwicklung

Dauer: je nach Gruppengröße einen halben bis einen Tag
Was Sie benötigen: Stifte, Flipchart, Papier, Moderationskarten, ggf. Pinnwand
Gruppengröße: allein oder in Kleingruppen
So geht's: Mit dieser Methode gelingt es, aus der Idee ein Konzept entstehen zu lassen. Wenn Sie mit mehreren Personen an diese Aufgabe gehen, empfiehlt es sich, kleine Gruppen (2 bis 3 Teilnehmer) zu bilden, die sich um die einzelnen Themenkomplexe kümmern. Aber Sie können diese Übung auch allein bewältigen, was allerdings mehr Zeit in Anspruch nimmt. Gehen Sie Schritt für Schritt vor, in dem Sie die einzelnen Aspekte schriftlich erarbeiten:

- Welche der gefundenen Ideen erscheinen so interessant, dass Sie sie weiterverfolgen möchten? Wählen Sie aus und beschreiben Sie die Ideen möglichst genau. Vielleicht ergänzen Sie die schriftlichen Hinweise mit Zeichnungen oder Graphiken. Denken Sie an die rechte Gehirnhälfte (siehe Seite 131f.).

- Sammeln Sie die Vorteile, die die ausgewählte Idee mit sich bringt.
  - Was ist die »Unique selling proposition« dieser Idee, das Alleinstellungsmerkmal, das sie von anderen Ideen (auch Ideen der Konkurrenz) abhebt?
  - Was bringt diese Idee wirtschaftlich ein?
  - Was bringt die Idee qualitativ ein?
- Welche Bedingungen müssen gegeben sein, damit die Idee umgesetzt werden kann?
- Wer soll es machen? Sind ausreichend Kompetenzen vorhanden? Welche Unterstützung ist möglich?
- Was soll bis wann erledigt sein?

Wenn Sie in Kleingruppen gearbeitet haben, gilt es, am Ende die Ergebnisse vor der großen Gruppe zu präsentieren und die erforderlichen Schritte miteinander abzustimmen. Hier empfiehlt es sich, mit Pinnwand, Moderationskarten und Flipchart zu arbeiten.

Die etwas andere Idee – Reizwortanalyse

Arbeiten Sie in einem Bereich, der schon von vornherein als ein kreativer gilt – z. B. die Werbebranche, Kunst, Kultur, Comedy, Unterhaltung? Dann hilft Ihnen vielleicht die Reizwortanalyse weiter. Mit dieser Methode gelingt es, auch verrückte Ideen und Ansätze zu produzieren.

Übung: Reizwortanalyse

Dauer: ca. 60 Minuten
Was Sie benötigen: Papier, besser noch Karteikarten oder Moderationskarten; Gelegenheit, zum Ankleben/Anpinnen, Stifte, beliebige Bücher
Gruppengröße: allein oder in der Gruppe
So geht's: Das Ziel dieser Übung ist es, durch ein beliebiges Wort (Reizwort) Ideen hervorzubringen.
  Beispiel: Sie bieten als Unternehmen eine Dienstleistung an, die Sie besser vermarkten wollen. Gehen Sie »step by step« an die Lösung heran:

- Stellen Sie eine konkrete Frage, die es zu lösen gilt, z. B.: Wie können wir Aufmerksamkeit für unsere Dienstleistung herstellen?
- Sie suchen sich nun maximal 5 x-beliebige (Reiz)-Wörter, indem Sie zum

Beispiel wahllos zu einem Buch aus dem Regal greifen und blind auf verschiedene Seiten tippen. Die Wörter, auf die Sie zeigen, schreiben Sie heraus, zum Beispiel: Klavier, Espresso, Kanarienvogel, Telefon, Schwimmbad.
- Sie nehmen sich jedes Reizwort vor, das heißt, untersuchen es genau: Was macht ein Klavier aus? Was sind seine Merkmale? Wofür kann man es benutzen? Was kann es nicht bzw. welche negativen Seiten hat es?

Beispiel: Man kann mit dem Klavier schöne Klänge erzeugen, Konzerte geben, es gibt einer Wohnung das gewisse Etwas. Musik machen kann helfen, Gefühle auszudrücken. Klaviere sind sehr schwer. Sie müssen gestimmt werden…

Oder: Der Espresso hilft einem wieder auf die Beine, wenn man müde ist, erinnert an den schönen Italienurlaub, ist alkoholfrei, kann aber das Herz belasten, wird oft nach dem Essen getrunken…

Sie sollten 5 bis 9 Beschreibungen für jeden Begriff finden.
- Nun wird's interessant. Es gilt, zwischen Ihrer Fragestellung und jedem einzelnen Reizwort, bzw. den Aussagen zu den Wörtern, eine Verbindung herzustellen. Das ist auf den ersten Blick nicht ganz leicht. Aber überlegen Sie einmal: Was ist vergleichbar? Gibt es irgendwo Überschneidungen zu Ihrer Fragestellung/Dienstleistung in diesem Fall und zu den Begrifflichkeiten?

Was hat unsere Dienstleistung mit einem Klavier zu tun, mit Klang, Entspannung, innere Mitte? Welche Verbindungen bestehen zwischen ihm und einem Espresso, klein, stark, schwarz, macht munter, gibt Kraft, lässt uns einen klaren Kopf behalten, vielleicht Ziele klarer sehen, die eigene Zukunft deutlicher vor Augen haben…

Für Sie klingt diese Übung auf den ersten Blick vielleicht absurd. Aber genau hier sprudelt der Quell für kreative Einfälle. Auch wenn nicht gleich beim ersten Versuch ein Wahnsinnsergebnis rauskommt, bleiben Sie dran. Es lohnt sich! Mit mehreren Leuten (3 bis 7) macht es Spaß, sich richtig hineinzusteigern. Auch merkwürdige Einfälle werden notiert bzw. weitergesponnen. Sie werden erstaunt sein, auf welche Gedanken Sie kommen. Gerade beim Querdenken entstehen oft interessante Einfälle – abseits der ausgetretenen Wege.

Wenn Sie zu mehreren die Reizwortanalyse machen, sollten Sie aber unbedingt darauf achten, trotz des schrägen Ansatzes die Sache einigermaßen ernsthaft zu betreiben, das Ziel im Auge zu behalten und nicht nur in Albernheiten abzugleiten. Wie gesagt, die Ergebnisse sprechen für sich.

Noch ein Vorteil dieser Kreativitätstechnik: Sie können sie auch alleine ausprobieren. Wichtig ist, dass Sie dranbleiben, eine gewisse Ausdauer bewahren und auch noch so absurde Gedankengänge nicht gleich verwerfen. Lassen Sie Ihren inneren Kritiker nicht zu sehr zu Wort kommen.

☞ **Tipp**
Wenn Sie an diesem Verfahren Gefallen finden, lohnt es sich, einen Begriffsvorrat anzulegen, d. h. schreiben Sie in einer ruhigen Minute wahllos Begriffe auf kleine Kärtchen, falten Sie diese und werfen sie in einen Karton. Wenn Sie das nächste Mal die Reizwortanalyse machen, ziehen Sie einfach die Begriffe aus dem Karton.

Die wichtigsten Tipps für das Kreativitäts-Training

- Kreativität wird von unbewussten Prozessen des Gehirns bestimmt. Das Maß an Kreativität lässt sich beeinflussen.
- Routine hemmt den Ideenfluss; leichte motorische Aktivitäten, ein entspannter Zustand und eine inspirierende Umgebung fördern ihn.
- Versuchen Sie auch im Alltag, immer öfter der Routine ein Schnippchen zu schlagen, indem Sie zum Beispiel mal einen anderen Weg zur Arbeit fahren, sich Altbekanntes ganz bewusst ansehen und wieder neu entdecken. Lösen Sie sich öfter von festen Vorstellungen. Probieren Sie neue Dinge aus.
- Sie müssen nicht immerzu das Rad neu erfinden. Manchmal reicht es schon aus, etwas bereits Vorhandenes weiterzuentwickeln.
- Zwei Arten von Kreativitätstechniken lassen sich unterscheiden: a) allgemeine Kreativitätstechniken und b) Kreativitätstechniken für die Problemlösung.
- Streichen Sie unbedingt Sätze wie »Das geht nicht« oder »Das kann ich sowieso nicht.« Geht nicht gibt's nicht. Sie engen damit nur Ihre Möglichkeiten ein. Der Mensch wächst schließlich mit seinen Aufgaben.
- »Wieso, weshalb, warum – wer nicht fragt bleibt dumm« – das wissen schon Sesamstraßenkinder. Halten auch Sie sich viel öfter an diese Devise. Damit helfen Sie Ihrer Kreativität auf die Sprünge. Es müssen nicht nur Fragen nach dem Warum sein, sondern die W-Fragen-Palette ist durchaus umfangreicher: Wer? Was? Wann? Wo? Wie? Mit welchem Effekt? Das sind übri-

gens Fragen, die zum Einmaleins jedes Journalisten gehört. Wenn er recherchiert, kommt er mit diesen Fragen auf die wesentlichen Aspekte. Also: Stellen Sie häufiger Abläufe in Frage: Nur weil etwas immer schon so war, muss es nicht auch künftig so sein.

Lernfähigkeit und Konzentration – bei der Sache bleiben

»*Hallo Kollege Meier, sagen Sie mal, haben Sie was von unserem Kunden, Herrn, äh,... na, Sie wissen schon, Herrn, äh..., über den wir doch neulich gesprochen haben... Äh, wie heißt er noch...?*«
Kennen Sie das auch? Manchmal fallen einem bestimmte Namen, Begriffe, Wörter nicht ein. Und je mehr man sich bemüht, desto schwieriger wird es? Ganz schön peinlich, gerade in beruflichen Situationen.

Die grauen Zellen auf Trab bringen

Wer will schon als vergesslich, nicht voll auf der Höhe, unkonzentriert gelten? Vielleicht sagen Sie jetzt: »*Bei mir ist das einfach so. Ich kann mir Namen nicht merken.*« Oder: »*Bei Telefonnummern ist mein Kopf wie ein Sieb.*« Oder aber: »*Gesichter – wie soll man sich die nur einprägen?*« Möglicherweise haben Sie schon aufgegeben, weil Sie glauben, dass sich daran nichts ändern lässt. Irrtum: Sie können mit einem Training Ihre grauen Zellen auf Trab bringen. Wer regelmäßig übt, kann bis ins hohe Alter eine enorme Merkfähigkeit beibehalten. Schauen Sie sich nur mal Schauspielerinnen und Schauspieler älteren Semesters an. Ihnen gelingt es trotz ihres Alters sich auch längere Textpassagen zu merken. Studien zeigen immer wieder, dass mit geeignetem Training das Gedächtnis bis ins hohe Alter fit gehalten werden kann – selbst wenn die Gedächtnisleistung bereits stark abgenommen hat, kann man einiges tun, um die grauen Zellen wieder besser arbeiten zu lassen.[25]

Das ist auch das Ergebnis einer Basler Studie, bei der 18 Frauen und Männer an einem Schauspielunterricht teilnahmen. Es galt, Texte auswendig zu lernen, wobei sie spezielle Erinnerungstechniken anwendeten, die auch viele Schauspieler nutzen. Das Ergebnis überzeugte: Den älteren Menschen gelang es nicht nur, ausgedehnte Dialoge zu erlernen, sondern »dank der speziellen Erinnerungstechnik konnte die Abnahme ihrer geistigen Erinnerungs- und Lernfähigkeiten gar rückgängig gemacht werden. Nach nur vierwöchigem Schauspieltraining waren die Ergebnisse von Gedächtnistests gleich oder sogar besser als die Werte, die drei Jahre davor erreicht wurden...«[26]

Ein Grund mehr, sich mit Übungen wie der folgenden regelmäßig zu beschäftigen. Zunächst zur Einstimmung ein Test. Wie gut arbeiten denn Ihre grauen Zellen? Wollen Sie es genauer wissen? Dann versuchen Sie es doch gleich einmal mit folgender Aufgabe:

Übung: Einschätzungstest – wie gut arbeiten Ihre grauen Zellen?

Dauer: ca. 3 bis 4 Minuten
Was Sie benötigen: Stift, Papier, eine Uhr mit Sekundenzeiger bzw. Stoppuhr
Gruppengröße: allein
So geht's: Zeichnen Sie eine Tabelle mit drei Spalten und vier Zeilen, so dass sich 12 Felder ergeben.

Sie haben jetzt genau eine Minute Zeit, die auf der nächsten Seite dargestellten Bilder zu betrachten. Versuchen Sie sich die Abbildungen in der richtigen Reihenfolge einzuprägen. Nach einer Minute blättern Sie zurück bzw. verdecken die Abbildungen und tragen diese (Begriffe) in Ihre Tabelle ein.

Die grauen Zellen auf Trab bringen

Auswertung auf Seite 209 f.

Wer sich um eine neue Stelle bewirbt, muss damit rechnen, ein spezielles Personalauswahlverfahren zu durchlaufen. Dort wird nicht selten auch die Konzentrationsfähigkeit der Kandidatinnen und Kandidaten mit ausgeklügelten Aufgaben geprüft – z. B. dem 2-d-Test. Probieren Sie, wie Sie bei einer solchen Aufgabe abschneiden würden.

✎ Übung: 2-d-Konzentrations-Test

Dauer: 4 Minuten
Was Sie benötigen: Stift, eine Uhr mit Sekundenzeiger bzw. Stoppuhr
Gruppengröße: allein
So geht's: Für die 15 Zeilen rechts haben Sie vier Minuten Zeit. Ihre Aufgabe besteht darin, jedes d, das durch insgesamt zwei Striche gekennzeichnet ist, zu markieren. Dabei handelt es sich um folgende ds:

```
  ''   '
d  d  d
   '  ''
```

Um die Konzentrationsfähigkeit zu überprüfen und durch regelmäßiges Wiederholen stetig zu verbessern, empfehlen sich auch Kopfrechenaufgaben wie folgende:

✎ Übung: Kopfrechnen

Dauer: 3 Minuten
Was Sie benötigen: Stift, eine Uhr mit Sekundenzeiger bzw. Stoppuhr
Gruppengröße: allein
So geht's: Rechnen Sie jeweils zuerst die oberste Zeile aus. Schreiben Sie das Ergebnis nicht auf, sondern merken Sie es sich. Dann rechnen Sie die untere Zeile im Kopf aus und merken sich das Ergebnis ebenfalls. Nun ziehen Sie die kleinere von der größeren Zahl ab und dieses Ergebnis notieren Sie am Rand.

Für die folgenden Aufgaben haben Sie drei Minuten Zeit. Los geht's:

a) 2 + 5 – 3
   9 – 6 + 4

b) 7 – 1 – 3
   3 + 3 – 1

c) 5 – 4 + 8
   6 + 8 – 4

d) 8 – 9 + 2
   6 + 4 – 8

e) 3 + 6 – 3
   4 + 8 – 7

f) 4 + 6 + 2
   8 – 3 + 5

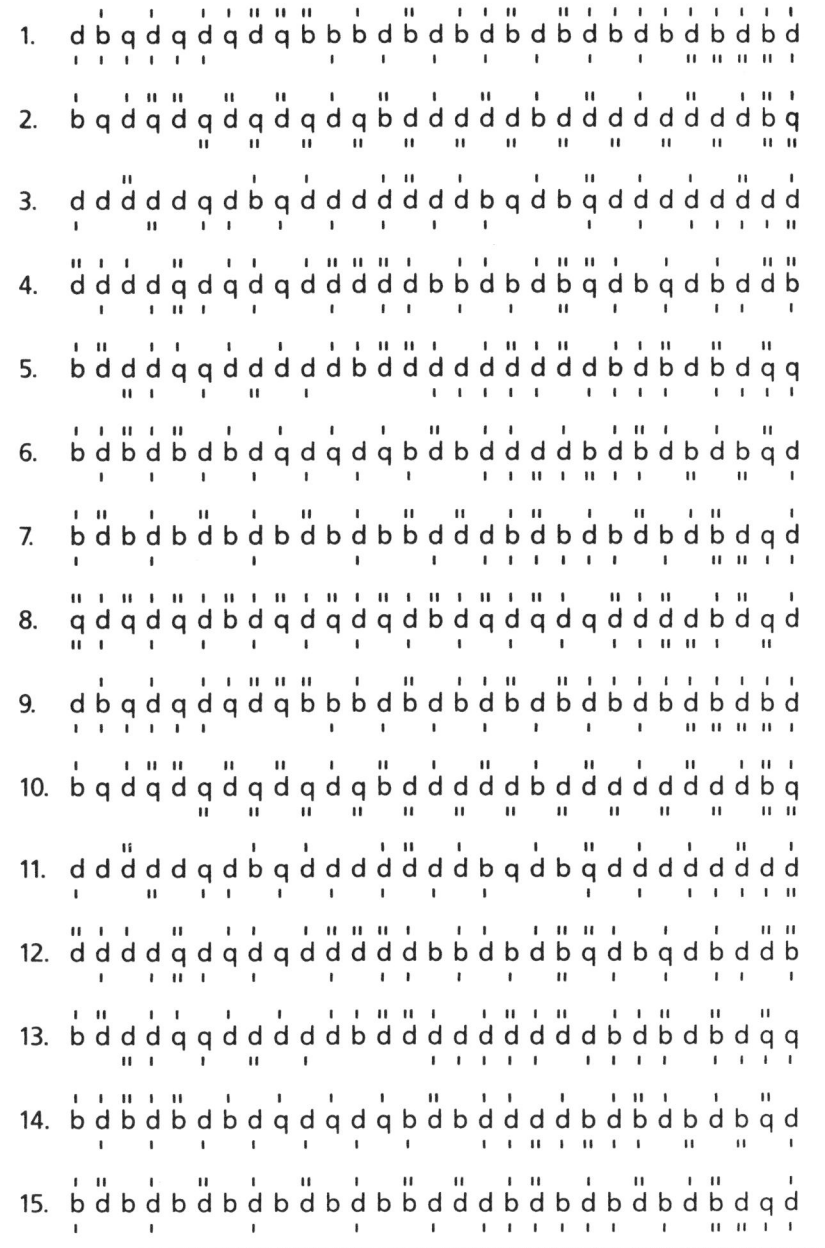

g) 1 − 5 + 6   h) 6 − 2 + 9   i) 5 + 8 − 3
   5 + 3 − 4   5 + 8 − 4   7 − 2 − 3

j) 2 + 4 − 3   k) 4 + 5 + 2   l) 7 + 5 − 1
   2 − 7 + 9   8 − 1 + 2   3 + 6 + 3

Lösungen auf Seite 210.

Weitere Übungen, um die Konzentrationsfähigkeit zu verbessern und auch um sich auf derlei Übungen in Bewerbungsverfahren vorzubereiten, finden Sie bei: Hesse/Schrader: *Testtraining 2000plus, Einstellungs- und Eignungstests erfolgreich bestehen*, Eichborn, Frankfurt a.M., 2001

Vielleicht erinnern Sie sich noch an Ihre Kindertage. Da gab es so etwas wie Zahlen verbinden, um dann merkwürdige Figuren entstehen zu lassen. So ähnlich ist es auch in der nächsten Übung. Hier geht es weniger um Figuren als vielmehr um das Tempo. Sie haben drei Versuche.

Übung: Zahlen verbinden

Dauer: ca. 1 1/2 Minuten
Was Sie benötigen: Stift, eine Uhr mit Sekundenzeiger bzw. Stoppuhr
Gruppengröße: allein
So geht's: Sie haben 30 Sekunden Zeit, die Punkte in der richtigen Reihenfolge zu verbinden.

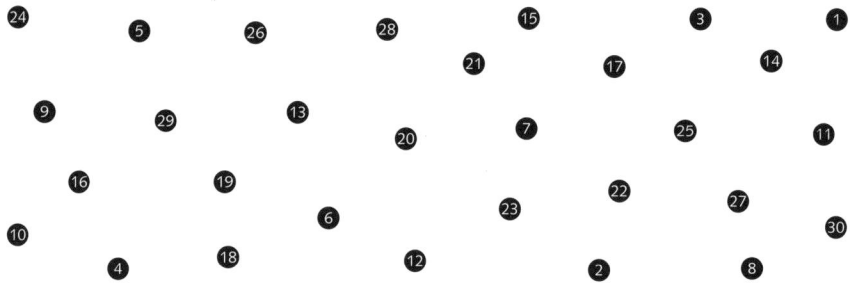

Wie weit sind Sie gekommen? Das geht sicher noch weiter. Versuchen Sie es erneut:

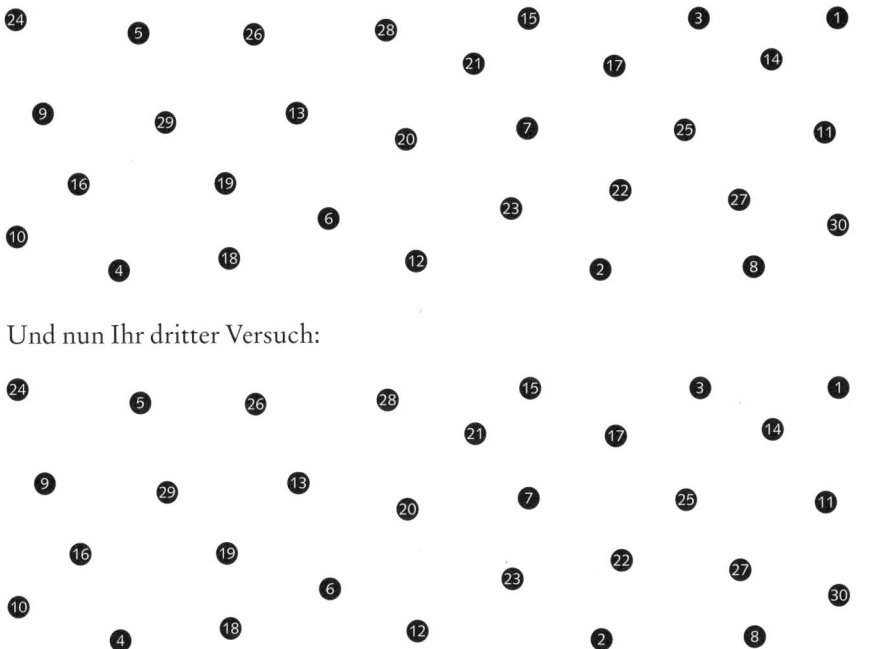

Und nun Ihr dritter Versuch:

Lernen lernen – Aktivierung kontra Frontalunterricht

Warum haben eigentlich viele Erwachsene so schlechte Erinnerungen an die Schulzeit? Warum finden viele Schülerinnen und Schüler den Unterricht öde und anstrengend und tun sich schwer, sich zu konzentrieren? Mit Sicherheit hängt es mit den Methoden zusammen, mit denen heute z.T. noch immer unterrichtet wird. Frontalunterricht, bei dem der Lehrer wichtige Geschichtsdaten oder Matheformeln herunterbetet, ist die schlechteste Form des Lernens. Die Schüler sollen stillsitzen, zuhören und sich alles einprägen. Doch nur wenn man Menschen aktiviert, wenn sie dazu angehalten werden, etwas selber zu tun, dann konzentrieren sie sich wirklich auf die Inhalte und lernen den Stoff. Hirnforscher haben darüber hinaus nachgewiesen, dass immer dann, wenn Emotionen an dem Lernprozess beteiligt sind, Aufmerksamkeit und Merkfähigkeit wachsen. Um wirklich Interesse zu entwickeln, muss der Lernende also neugierig gemacht werden. Warum brauchen wir diese Stimulierung? Es hängt mit dem Aufbau unseres Gehirns zusammen.

Linke und rechte Gehirnhälfte

Jeder Mensch hat eine rechte und eine linke Gehirnhälfte. Während die linke für das Analytische, für rationales Denken, Logik, Zahlen und Sprache zuständig ist, beherrscht die rechte das Emotionale und Kreative. Sie steuert vor allem Bilder, Fantasie, Farben, Rhythmus, Gefühl und Musik.

Im Schulunterricht und auch bei so manchem Lehrgang oder Vortrag wird nur die linke Gehirnhälfte angesprochen. Jede Menge Fakten – und die noch äußerst trocken präsentiert...

Wenn Sie Denkblockaden lösen und die Zusammenarbeit beider Gehirnhälften aktivieren wollen, können Sie zwischendurch schnell folgende Übung ausprobieren.

Übung: Gehirnhälften koordinieren

Dauer: ca. 2 Minuten
Was Sie benötigen: –
Gruppengröße: allein oder mit mehreren
So geht's: Stellen Sie sich hin, legen Sie die rechte Hand auf den Kopf, die linke auf den Bauch. Nun reiben Sie mit der linken Hand den Bauch kreisförmig, während Sie mit der rechten (leicht!) auf den Kopf schlagen. Nach einer halben Minute wechseln Sie: Nun legen Sie die linke Hand auf den Kopf, und die rechte auf den Bauch. Und dran denken: Nur leicht auf den Kopf schlagen, den Bauch nur reiben. Gar nicht so einfach, oder?

Methoden für erfolgreiches Lernen

Experten gehen davon aus, dass bei rein linkshirniger Vorgehensweise mindestens 20 Wiederholungen nötig sind, damit man sich den Lernstoff auch merken kann. Kein Wunder, dass sich da Langeweile und Widerwille breit machen. Wenn wir hingegen die Möglichkeit haben, ganzhirnig zu lernen, sind nur ca. 5 bis 7 Wiederholungen nötig, um die Informationen im Langzeitgedächtnis zu speichern. Mit anderen Worten: Wenn alle Hirndimensionen angesprochen werden, besteht die beste Aussicht auf Lernerfolg.

Mindmapping

Auf diesem Wissen gründet auch das Mindmapping, eine Art Landkarte, die Sie selbst erstellen können. Der Witz bei diesem Verfahren: Gedanken oder Notizen zu einem bestimmten Thema werden nicht untereinander aufgelistet, sondern gehirngerecht und bildhaft aufbereitet. Um das eigentliche Thema herum werden Stichworte gruppiert und mit Linien verbunden, eventuell zusätzlich mit Bildern oder unterschiedlichen Farben untermalt. Diese Art der Darstellung hilft, Gedanken zu strukturieren. Dank der Visualisierung ist das Gehirn produktiver, weil beide Gehirnhälften im Einsatz sind.

Ein weiterer Vorteil des Mindmappings: Sie sehen auf einen Blick, in welchen Bereichen sich Schwerpunkte gebildet haben, wo wenig Verästelungen oder Zweige zu sehen sind und noch »Denkbedarf« besteht. Und nicht zu vergessen: ein Mindmap kann immer weiterwachsen.

Die folgende Abbildung zeigt, wie ein Mindmap aussehen könnte.

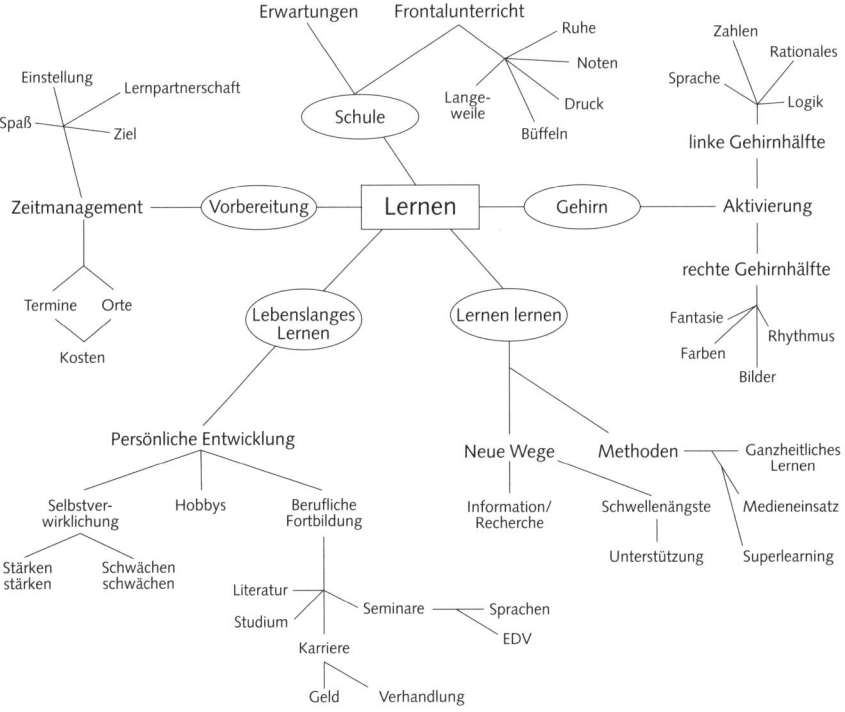

✎ Übung: Mindmap erstellen

Dauer: 15 Minuten
Was Sie benötigen: Stifte, Papier (möglichst DIN A3)
Gruppengröße: allein oder mit mehreren
So geht's: Nehmen Sie ein Blatt Papier und legen Sie es quer vor sich hin. In die Mitte des Papiers schreiben Sie das Thema auf, um das es geht. Im oben gezeigten Beispiel war es das Wort »Lernen«, nehmen Sie dieses Wort und kreisen Sie es ein. Nun suchen Sie nach Unterbegriffen zu dem Thema, z. B. »Gehirn«, »Lernen lernen«, »Lebenslanges Lernen«, »Vorbereitung«, »Schule«, die Sie wieder einkreisen oder größer auf die wegführenden Linien, die wie Äste aussehen, schreiben können.

Als Nächstes fügen Sie an die Äste dünnere Zweige an, auf die weiterführende Begriffe geschrieben werden. Um beide Gehirnhälften noch stärker anzusprechen, können Sie die Begriffe mit Farben und/oder Symbolen hervorheben.

☞ Tipp

Um Mindmapping zu üben, greifen Sie sich anfangs am besten einen Begriff heraus, zu dem Ihnen mit Sicherheit viel einfällt, z. B. Ihr Hobby, eine Urlaubsreise, eine berufliche Aufgabe.

Eselsbrücken

»*Iller, Lech, Isar, Inn, fließen rechts zur Donau hin – Altmühl, Naab und Regen fließen links entgegen.*« Kennen Sie diesen Spruch, der hilft, bestimmte geografische Kenntnisse zu verbessern?

Oder wie sieht es mit einem anderen Merkspruch aus der Meteorologie aus: »*Im Osten geht die Sonne auf, im Süden ist ihr Mittagslauf, im Westen wird sie untergeh'n, im Norden ist sie nie zu seh'n ...*« Wer diesen Satz abrufen kann, wird nie vergessen, wo die Sonne auf- und untergeht.

Meine Mutter erinnert sich noch ganz genau an einen Spruch, den ihre Deutschlehrerin vor über 45 Jahren den Schülerinnen und Schülern beibrachte, um den Unterschied zwischen Dativ und Akkusativ bei Präpositionen deutlich zu machen. Vielleicht ist er auch Ihnen geläufig:

»*An, auf, hinter, neben, in, über, unter, vor und zwischen – stehen mit dem vierten Falle, wenn man fragen kann: wohin – Mit dem dritten stehen sie so, dass man fragen kann: wo.*«

Warum prägen sich Sätze wie diese so gut ein, dass man sie nie vergisst? Vor allem, weil es Reime mit einem bestimmten Rhythmus sind. Wenn ich weiß, wie ein Wort endet, dann kann ich mir das andere quasi »zusammenreimen«. Im Volksmund spricht man auch von Eselsbrücken, mit Hilfe derer man sich das Auswendiglernen erleichtern kann. Eselsbrücken können Sie auch bauen, indem Sie verrückte Bilder in Ihrem Kopf entstehen lassen – so verrückt, dass sie Ihnen garantiert immer einfallen werden, wie folgende Übung demonstriert:

Übung: Verrückte Bilder

Dauer: abhängig von den Inhalten, meist ein paar Minuten
Was Sie benötigen: –
Gruppengröße: allein
Empfohlen von: Helen Hannerfeldt, Arbeits-, Betriebs- und Organisationspsychologin, Trainerin und Dozentin, Berlin

> **Helen Hannerfeldt,** geboren 1959 in Schweden, seit 1980 in Berlin, zwei Töchter; seit 1994 selbstständige Trainerin und Dozentin für Unternehmen und im Non-Profit-Bereich zu den Schwerpunktthemen: Gesprächsführung, Teamentwicklung, Mitarbeitergespräche, Konfliktmanagement, Rhetorik, Präsentation und Lern- und Arbeitstechniken, Assessment-Center, Outplacement; fünf Jahre freie Mitarbeiterin bei »Hesse/Schrader Büro für Berufsstrategie«, dort erste Assessment-Center-Trainerin Berlins.
>
> Mitarbeit in mehreren EU-geförderten Projekten; Fortbildung zur systemischen Mediatorin für Unternehmen und Institutionen; wissenschaftliche Leiterin des Leitungskurses der Aus-, Fort- und Weiterbildungsstätte des Deutschen Herzzentrum Berlin.
>
> Coaching zu den Themen Mitarbeiterführung, Gesprächsführung und Karriereberatung. Seit 2002 gehört sie einem Netzwerk von selbstständigen Trainerinnen, Dozentinnen und Autorinnen in Berlin an, die unternehmensindividuelle Themen als Inhouse-Seminare und Trainings anbieten.
>
> Helen Hannerfeldt: »In meinem Seminar Lern- und Arbeitstechniken geht es u. a. darum, das Gedächtnis zu trainieren. Viele Teilnehmerinnen und Teilnehmer fragen, was sie tun können, um sich besser für sie wichtige Sachen merken zu können. Die folgenden Methoden sind sehr einfach anwendbar und bringen durchschlagenden Erfolg.«

So geht's: Eine gute Trainingsmöglichkeit, beispielsweise Telefonnummern zu behalten, ist, sich die wichtigsten mit Hilfe von Eselsbrücken zu merken. Wenn eine Telefonnummer z. B. 763 02 19 lautet, könnten Sie sich die Telefonnummer so einprägen; 7 – so viele Buchstaben hat mein Nachname, 63 – ist die Hausnummer meiner besten Freundin, 02 – im Jahre 02 wurde der Euro eingeführt, 19 – 19 km fahre ich jeden Tag zur Arbeit.

Anderes Beispiel: Sie wollen sich daran erinnern, unbedingt etwas bei einer Bekannten nach der Arbeit abzugeben. Sie haben es schon ein paarmal vergessen, und nun wird es langsam peinlich. Wie könnte man vorgehen?

Eine Idee wäre: Stellen Sie sich vor, wie Sie zu der Bekannten fahren. Aber bitte mit einem Fahrzeug, mit dem Sie normalerweise nicht fahren. Stellen Sie sich weiter vor, dass Sie merkwürdige Kleidung tragen, die Sie üblicherweise nicht anziehen würden. Es ist sehr wichtig, dass Sie so »schräg« wie möglich denken. Lassen Sie vor Ihrem geistigen Auge ein verrücktes Bild entstehen. Also vielleicht fahren Sie statt mit dem Fahrrad mit einer Pferdekutsche, mitten im Winter tragen Sie pinkfarbene Shorts, ein quietschgrünes T-Shirt und einen mächtigen Federschmuck wie ein Indianerhäuptling auf dem Kopf. Glauben Sie, das Bild ist so einprägsam, dass Sie das, worum es eigentlich geht, nicht vergessen werden!

Probieren Sie es gleich einmal aus: Was wollen Sie sich merken? Vielleicht müssen Sie einkaufen gehen und dürfen auf gar keinen Fall Butter, Bananen und Salz vergessen. Auch für diesen Fall hilft die Übung verrückte Bilder weiter: Stellen Sie sich vor, Sie tragen einen Rock aus *Bananen*, steigen in Schuhe mit *Butter*sohlen, und rutschen über die Straße, während Sie immerzu *Salz* vor sich hinstreuen, um ja nicht hinzufallen – ist ja eine sehr glitschige Angelegenheit mit Butter unter den Füßen...

Hirnjogging

Damit Ihre grauen Zellen schön aktiv bleiben, hier ein paar Denkaufgaben.

Übung: Denkaufgaben

Dauer: ca. 10 Minuten
Was Sie benötigen: Stift
Gruppengröße: allein
So geht's: Denken Sie genau nach und finden Sie die richtigen Lösungen:

1) Drei Männer gehen in der Mittagspause in ihr Lieblingsrestaurant und bestellen das gleiche Gericht jeweils für 10 Euro. Nachdem sie aufgegessen haben, rufen sie die Kellnerin, um zu bezahlen. Als sie wieder zur Theke zurückkehrt, weist ihr Chef sie darauf hin, dass es sich bei den drei Männern um Stammkunden handelt. Sie solle zum Tisch zurückgehen und den Männern nachträglich 5 Euro Rabatt gewähren.

   Auf dem Weg zum Tisch denkt sie sich: Ich gebe ihnen nur drei Euro zurück und behalte selber 2 Euro. Schließlich wissen sie ja nicht, wie viel Rabatt sie eigentlich bekommen sollen. Und so gibt sie den Männern jeweils einen Euro zurück.

   Und nun sind Sie an der Reihe. Rechnen Sie einmal nach: Die drei haben jetzt jeweils 9 Euro bezahlt, zusammen also 27 Euro. 2 Euro hat die Kellnerin für sich behalten. Macht zusammen 29 Euro von ursprünglich 30 Euro. Frage: Wo ist der übrige Euro geblieben?

2) Ein Araber vermachte seinen drei Söhnen siebzehn Kamele. Diese sollten sie folgendermaßen unter sich aufteilen: der Älteste sollte die Hälfte bekommen, der zweite Sohn ein Drittel und der Jüngste ein Neuntel. Wie war das möglich?

3) Ein Mädchen spielte mit seinem Ball im Garten. Plötzlich fiel der Ball in ein senkrecht in die Erde eingegrabenes Tonrohr. Das enge Rohr war so tief in die Erde eingelassen, dass das Mädchen und auch die herbeigerufenen Eltern den Ball mit den Händen nicht fassen konnten. Wie ist es möglich, den Ball mit einfachen Mitteln herauszuholen?

4) Welches Zeichen muss man zwischen die Ziffern 2 und 3 setzen, damit man eine Zahl erhält, die größer als 2 aber kleiner als 3 ist?

5) Stellen Sie sich vor: Sie öffnen eine Kommode und in der obersten Schublade finden Sie sieben gelbe und fünf schwarze Socken. Wie viel müssen Sie herausnehmen, um zwei gleichfarbige (also zwei gelbe oder zwei schwarze) Socken zu haben?

Lösungen auf Seite 210.

Können Sie sich auch unter Zeitdruck gut konzentrieren? Die nächste Übung zeigt es.

Übung: Deutschlehrer

Dauer: 3 Minuten
Was Sie benötigen: Uhr mit Sekundenzeiger bzw. Stoppuhr, Stift
Gruppengröße: allein
So geht's: Erkennen Sie, welche Wörter sich hier eigentlich verstecken? Nur ein Buchstabe ist immer falsch.

1) Tegefon _____
2) Boerbauch _____
3) Radir _____
4) Apfes _____
5) Erdner _____
6) Zwein _____
7) Came _____
8) Tobst _____
9) Blavier _____
10) Blief _____
11) Schewe _____
12) Schtung _____
13) Muppe _____
14) Schrane _____
15) Viter _____
16) Montug _____
17) Kreim _____
18) Ketz _____
19) Aki _____
20) Globur _____

Lösungen siehe Seite 211.

Hilfreiches fürs Hirn

Denksportaufgaben wie die hier vorgestellten sind eine gute Trainingsmöglichkeit. Darüber hinaus bringen Sie Ihre grauen Zellen auf Trab, wenn Sie:

- öfter Kaugummi kauen. Es gilt als wissenschaftlich erwiesen, dass allein

die regelmäßige Bewegung der Kiefermuskulatur beispielsweise durch Kaugummikauen den Denkapparat aktiviert.
- Sport treiben – mindestens dreimal die Woche 30 Minuten lang. Denn nur bei ausreichender Bewegung wird das Gehirn gut durchblutet und kann viel leisten.
- genügend trinken. Vielleicht haben Sie es in Günther Jauchs Sendung »Wer wird Millionär« schon einmal beobachtet: Bei kniffligen Angelegenheiten greifen viele Menschen erst mal zum Wasserglas. Intuitiv eine gute Entscheidung. Denn: Trinkt man zu wenig, wird das Blut leicht dickflüssig, fließt langsamer. Die Folge: Der für das Gehirn lebensnotwendige Sauerstoff wird nicht mehr so gut transportiert.
- Ihr Gehirn füttern mit Lektüre, Kreuzworträtseln, Denksportaufgaben, insbesondere falls Sie mal ins Krankenhaus müssen. Wissenschaftler haben nämlich herausgefunden, dass bereits ein fünftägiger Krankenhausaufenthalt den Intelligenzquotienten um fünf Prozentpunkte absinken lässt. Nach drei Wochen sind es sogar 20 Punkte.[27] Das Gehirn wird nicht richtig gefordert und lässt automatisch in der Leistung nach.
- ausreichend schlafen. Sieben bis acht Stunden sollten es schon sein. Erst beim Schlafen kann das Gehirn das, was am Tag aufgenommen wurde, mit den bereits vorhandenen Informationen vernetzen.

Und noch ein Lerntipp: Viele Menschen berichten darüber, dass sie manchmal Wochen oder Monate vor einer Prüfung alles aufgeben, was sie gerne tun. Viele treiben überhaupt keinen Sport mehr, gehen nicht mehr ins Kino usw., um mehr Zeit zum Lernen zu haben. Dies alles zu unterlassen ist aber nicht förderlich für das effektive Lernen. Viel wichtiger ist es, sich einen genauen Zeitplan zu erstellen und sich zwischendurch einfach etwas zu gönnen. Dabei sollte die angenehme Abwechslung allerdings nicht zu viel Zeit in Anspruch nehmen.

Für den, der stundenlang lernt, weil er eben nur an gewissen Tagen Zeit hat, ist es wichtig, regelmäßig Pausen einzulegen (etwa stündlich) und kurz etwas ganz anderes zu machen, irgendwas, das Konzentration benötigt, etwa jonglieren, Jojo oder ein Instrument spielen.

Die wichtigsten Tipps für das Lernfähigkeits- und Konzentrations-Training

- Regelmäßiges Üben verbessert die Konzentration und Lernfähigkeit.
- Nur wenn Menschen aktiviert werden, wenn Sie selber etwas tun können, lernen sie.
- Wenn alle Hirndimensionen angesprochen werden, besteht die beste Aussicht auf Lernerfolg.
- Mindmapping hilft, Gedanken gehirngerecht und bildhaft aufzubereiten.
- Mit Eselsbrücken könne Sie leichter lernen und sich Dinge besser merken.
- Denken Sie an regelmäßige Pausen und Entspannung. Gönnen Sie sich zwischendurch angenehme Abwechslungen.
- Treiben Sie regelmäßig Sport, trinken und schlafen Sie ausreichend.

Zeit- und Selbstmanagement – wissen, was man will

Kennen Sie die am meisten verbreitete Lüge zum Thema Zeit? Sie lautet: »*Ich habe keine Zeit.*« Denn das stimmt eigentlich nicht. Wir haben alle die gleiche. Nur unser Umgang damit ist ein unterschiedlicher.

Es ist schon merkwürdig, wie wir die Zeit nutzen. Einerseits beklagen wir uns häufig, dass wir so im Stress sind, zu nichts mehr kommen, ja, eben keine Zeit haben, aber andererseits ist das »Keine-Zeit-Haben« auch so etwas wie ein Statusfaktor. Wer immer Termine hat, wer viel erledigen muss, häufig unterwegs ist, der ist wichtig, der ist gefragt. Zeit – ein merkwürdiges Phänomen.

Was die Zeit eigentlich ist – damit haben sich ganze Generationen von Philosophen beschäftigt – und sind z.T. daran gescheitert. Selbst Augustinus von Hippo, einer der größten Denker der Kirchengeschichte, bekannte ratlos, dass er sich außerstande sehe, zu erklären, was das Wesen der Zeit sei.[28]

Zeit ist ganz offensichtlich ein paradoxes Phänomen, wie an Formulierungen deutlich wird, die Zeit zu beschreiben versuchen: »… ohne Körper und Form, aber unüberwindlich; messbar, aber mit Menschenorganen nicht spürbar; allem Anschein nach ewig, aber unumkehrbar.«[29]

Der Druck wächst

Eins ist sicher: Immer mehr Menschen haben das Gefühl, dass ihnen die Zeit im Nacken sitzt. Das empfinden wir heute sehr stark, das wussten aber auch schon die alten Römer. »*Tempus rerum imperator*« heißt es in einem lateinischen Sprichwort: Die Zeit ist die Beherrscherin der Dinge.

Management by Stress – so nennt der Bremer Psychologe Gerd Marstedt das, was viele Arbeitnehmerinnen und Arbeitnehmer erheblich unter Druck setzt. Für den Frankfurter Psychologen Werner Groß ist klar: »Da immer weniger Menschen immer mehr Arbeit leisten müssen, nehmen die seelischen und körperlichen Belastungen in den Betrieben zu. Viele gehen in ihrer Arbeit nicht auf, sondern darin unter.«[30] Weit mehr als die Hälfte aller Arbeitnehmerinnen und Arbeitnehmer (63,7 Prozent) in deutschen Betrieben fühlen sich an ihrem Arbeitsplatz überfordert.[31]

Nicht nur die veränderten Situationen am Arbeitsplatz (Stichwort Verschlankung), auch die Technik macht das Leben nicht unbedingt leichter. Klar, wir sind jetzt beispielsweise mobiler geworden, andererseits sind damit neue Zwänge entstanden. Der Zeitraum der Muße, der Langsamkeit, der Besinnung schmilzt dahin. Wir sind im Grunde rund um die Uhr erreichbar, immer unter Strom.

Fühlen Sie sich auch oft gehetzt und unter Zeitdruck? Dann sollten Sie unbedingt an Ihrem Zeit- und Selbstmanagement arbeiten. Denn damit gelingt es Ihnen, Termindruck abzubauen, mehr Freiräume für persönliche Ziele zu schaffen und letztlich mehr Lebensqualität zu erreichen.

Dass es funktioniert, zeigen immer wieder Firmen, in denen Mitarbeiterinnen und Mitarbeiter in Sachen Zeit- und Selbstmanagement trainiert wurden. Beispiel: das schwedische Telekommunikationsunternehmen Ericsson. Lange Zeit waren dort 60 Arbeitsstunden in der Woche üblich. Nach einem Training gelang es, fast einen ganzen Arbeitstag wettzumachen: 8,7 Stunden konnten angespart werden.[32]

Vor dem Neuanfang steht die Ist-Analyse

Das eigene Zeit- und Selbstmanagement zu optimieren, bedeutet vor allem bereit zu sein, grundlegend über den eigenen Umgang mit der Zeit nachzudenken, und den Mut zu haben, von alten Gewohnheiten Abstand zu nehmen.

Wenn Sie Ihr persönliches Zeit- und Selbstmanagement voranbringen möchten, sollten Sie am besten mit einer Analyse des Ist-Zustandes beginnen. Es geht also darum, das, was Sie ändern wollen, sich zunächst genau anzuschauen, z. B. mit folgender Übung:

Übung: Zeittorte zeichnen

Dauer: ca. 10 bis 15 Minuten
Was Sie benötigen: Stift
Gruppengröße: allein
So geht's: Vor sich sehen Sie Ihre persönliche Zeittorte. Sie stellt einen Tag in der Woche dar. Gehen Sie in sich und notieren Sie, wofür Sie aus der Erinnerung heraus – täglich – Zeit gebrauchen. Denken Sie an Frühstück, Arbeit, Freizeitbeschäftigung, Haushalt, Erledigungen, Schlafen etc.

Nun bestimmen Sie, wie viel Zeit diese Beschäftigungen prozentual einnehmen. Beispiel: 8 Stunden Schlaf = rund 30 Prozent. Zeichnen Sie dann ein Tortenstück in den Kreis, das ungefähr ein Drittel ausmacht, und schreiben Sie »Schlafen« in dieses Stück. Weiter geht's. Zeichnen Sie mit einer anderen Farbe das nächste Kuchenstück, z. B. für die Arbeit, wie viel Zeit nimmt sie ein usw. Am Ende haben sie eine in viele Dreiecke geteilte Torte, die Ihnen auf einen Blick Ihr Zeitverhalten verdeutlicht.

Ihre Zeittorte

Wie geht es Ihnen, wenn Sie Ihre Zeittorte so betrachten? Haben Sie das Gefühl, es ist alles im Gleichgewicht? Wie viel Zeit bleibt für Sie persönlich? Wenn ich mit Teilnehmerinnen und Teilnehmern im Seminar diese Übung mache, sind viele immer ganz erstaunt, wie wenig Freiraum sie haben. Für manche ist der Blick auf die eigene Zeitverteilung der Anlass, neu über sich, die eigenen Ziele und vor allem über Prioritäten nachzudenken.

Eine Analyse ist der beste Schritt, sich das Jetzt vor Augen zu führen und umso klarer für ein Später planen zu können Denn nur wer genau weiß, wie er jetzt seine Zeit verbringt, vielleicht auch vertrödelt, wo er eigentlich mehr Zeit benötigt, wofür er zu viel Zeit verbraucht, kann Strategien für mehr Freiraum und eine bessere Lebensqualität finden.

Für den ersten Eindruck ist die Zeittorte ein sehr gutes Instrument. Doch um genaueren Aufschluss über den Umgang mit der Zeit zu haben, benötigt man detailliertere Angaben. Wenn Sie feststellen, dass Ihr Geld nicht mehr reicht, dann werden Sie sich wahrscheinlich als Erstes einen Überblick verschaffen und sich fragen: Wo bleibt eigentlich der Euro, wofür gebe ich Geld aus und an welcher Stelle könnte ich künftig einsparen?

Ähnlich sollten Sie mit Ihrem Zeitbudget verfahren. Fertigen Sie daher am besten ein Protokoll an, um herauszufinden, wo eigentlich Ihre Zeit bleibt.

Übung: Zeitprotokoll anlegen

Dauer: ca. 15 Minuten täglich über ein bis zwei Wochen
Was Sie benötigen: Stift, Papier
Gruppengröße: allein
So geht's: Beobachten Sie sich mindestens ein, besser noch zwei Wochen lang. Notieren Sie, womit Sie täglich beschäftigt sind, wie lange es gedauert hat, wodurch Sie ggf. unterbrochen wurden bzw. was die Arbeit verlängert hat, und wie Sie die Tätigkeit beurteilen, entweder mit a) war sinnvoll, b) nicht sinnvoll, c) wäre zu einem anderen Zeitpunkt sinnvoller gewesen. Hilfreich ist es, wenn Sie einen Kurzkommentar zu den Buchstaben dazuschreiben (also warum etwas nicht sinnvoll war, wie man es später anders machen könnte …).

Und denken Sie nicht nur an den Beruf, sondern auch an die Bereiche Haushalt, Freizeit und Familie.

Die Tabelle könnte so aussehen:

Tag	Tätigkeit	Dauer	Störungen (Grund und Dauer)	Beurteilung a) sinnvoll b) nicht sinnvoll c) wäre zu einem anderen Zeitpunkt sinnvoller gewesen

Nach einer, noch besser nach zwei Wochen, sollten Sie Ihr Protokoll kritisch analysieren.
Prüfen Sie:

- Wofür haben Sie die meiste Zeit verwandt?
- War es sinnvoll, so viel Zeit zu investieren?
- Wenn nicht, warum haben Sie es trotzdem gemacht?
- Was wäre an der Stelle sinnvoller gewesen?
- Haben Sie wirklich sinnvolle Pausen gemacht?
- Welches sind die häufigsten Störungen?

Die Effekte einer solchen Selbstbeobachtung: Sie werden erstens ein besseres Zeitgefühl bekommen, wie lange Sie durchschnittlich für bestimmte Tätigkeiten benötigen. Das ist enorm wichtig, wenn Sie z. B. *Tagespläne* (siehe Seite 158) erstellen und die Dauer der Aufgabe einschätzen.

Zweitens erhalten Sie Aufschluss über Ihre hartnäckigsten Zeitdiebe, also die Störungen und Unterbrechungen, die Sie am eigentlichen Arbeiten hindern. Wenn Sie künftig effektiver und effizienter sein wollen, sollten Sie großes Augenmerk auf diese Zeitdiebe legen. Wenn man ihnen das Handwerk legt, werden Sie eine große Entlastung und weniger Stress erleben (mehr zu den *Zeitdieben* auf Seite 159 ff.).

Mit Ihrer persönlichen Bestandsaufnahme sind Sie schon einen großen Schritt weiter, was den Umgang mit der Zeit angeht. Sie haben die ersten Hinweise darauf, wie Ihr persönliches Zeitmanagement sich verändern sollte, an welchen Stellen es hakt. Apropos Zeitmanagement. Im Grunde trifft der Begriff nicht das, worum es hier geht. Denn Zeit kann ich nicht managen, ich kann nur mich, das heißt meinen Umgang mit der Zeit managen. Da es sich in der Literatur und auch bei den Seminaren so eingeprägt hat, behalte ich das Wort bei, nutze aber die Doppelkonstruktion Zeit- und Selbstmanagement.

Werfen Sie nun zunächst einen Blick auf den folgenden Regelkreis, der auch die Struktur dieses Kapitels aufzeigt.

Hier wird deutlich: Wer sich selbst managen will, braucht zunächst vor allem eins: Ziele.

Regelkreis für das Zeit- und Selbstmanagement

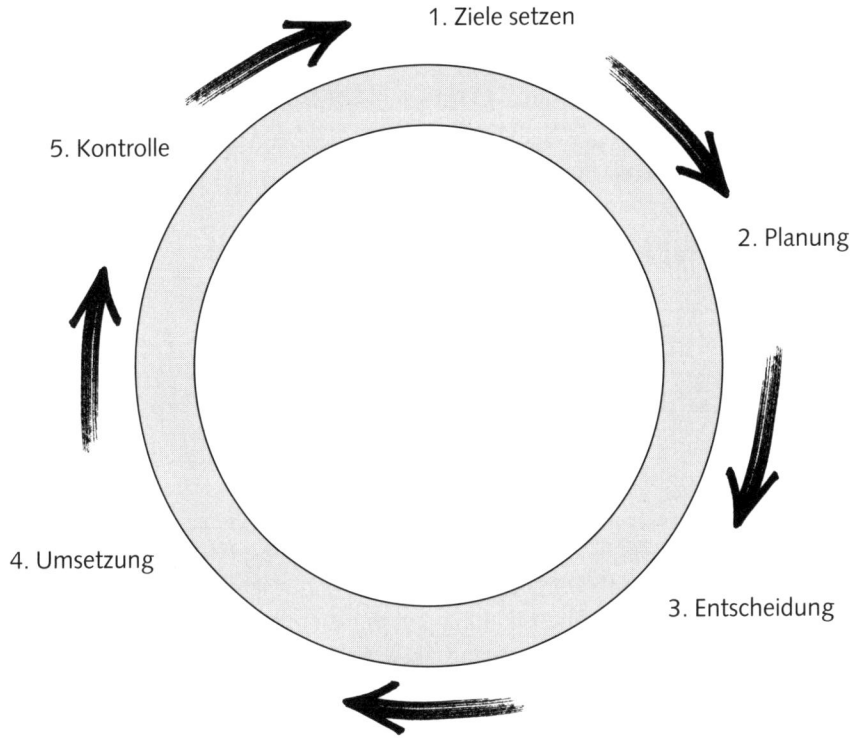

1. Schritt: Zielsetzung

Im Koran heißt es: »*Wenn man das Ziel nicht kennt, ist kein Weg der richtige.*« Mit anderen Worten: Ohne Ziel nützt die beste Arbeitsmethode, die beste Zeitmanagement-Technik nichts, wenn Sie nicht vorher genau festlegen, was Sie eigentlich erreichen wollen.

Was wollen Sie vom Leben? Was ist Ihnen wichtig? Sind Sie gerade auf dem richtigen Weg? Wenn ein runder Geburtstag sich nähert, beginnt so manche/-r, ein Resümee zu ziehen, erst recht, der dreißigste oder vierzigste ist. Vielleicht weil in diesem Alter noch mal das Steuer rumgerissen werden kann, beruflich noch vieles möglich ist. Dann gehen viele Menschen in sich und fragen sich:

Gehe ich wirklich meinen Weg, oder macht mich das auf die Dauer gar nicht zufrieden? Erfülle ich vor allem die Erwartungen anderer, die vielleicht gar nicht deckungsgleich mit meinen sind? Welche sind das? Was ist mein Ziel im Leben? Diese oder ähnliche Fragen haben Sie sich auch schon gestellt, haben aber keine Antworten gefunden? Da kann ich Ihnen weiterhelfen. Mit folgender Übung kommen Sie den Lösungen ein ganzes Stückchen näher. Aber Vorsicht: Die Fragen könnten Ihr Leben verändern...

Übung: 10 Fragen an mich selbst

Zeit: mindestens 1 bis 2 Stunden
Was Sie benötigen: Stift, Papier
Gruppengröße: zunächst allein, dann suchen Sie sich am besten einen Partner für den Austausch
Empfohlen von: Jürgen Hesse, Diplom-Psychologe und Experte auf dem Gebiet Bewerbungsberatung, Berlin

> **Jürgen Hesse,** Jahrgang 1951, ist Diplom-Psychologe im Büro für Berufsstrategie und Geschäftsführer der Telefonseelsorge Berlin e.V. Er ist Experte auf dem Gebiet der Bewerbungsberatung. Zusammen mit Hans Christian Schrader hat er seit 1985 im Eichborn Verlag über 100 Ratgeber zu den wichtigsten Themen rund um die Bewerbung veröffentlicht. Die Gesamtauflage der Bücher liegt bei über 3 Millionen Exemplaren.
>
> Jürgen Hesse: »Bei Trainings ist mir wichtig, einen guten Kontakt herzustellen – von mir zur Gruppe und umgekehrt und natürlich zwischen den Teilnehmern. Ich möchte die Menschen auf den ›Stoff‹ neugierig machen, sie möglichst elektrisieren, damit Veränderungen angestoßen werden können.«

So geht's: Die Übung besteht aus zwei Teilen. Der erste beginnt recht spielerisch. Die ersten fünf Fragen sind so etwas wie eine Fantasieanreizung. Im zweiten Teil gilt es, anhand gezielter Wertvorstellungen konkret zu werden.

Beantworten Sie die folgenden zehn Fragen** schriftlich, nach den ersten fünf sollten Sie eine deutliche Pause einlegen, nach der zehnten könnten Sie den starken Wunsch verspüren Ihr Leben verändern zu wollen ... Sind Sie bereit? Dann kann's ja losgehen (** Wir greifen hier auch auf Anregungen von Max Eggert, einem englischen Psychologen und Karriereberater und David Maister, einem amerikanischen Arbeitsforscher, zurück.):

1. Schritt: Zielsetzung

1) Was würden Sie tun, wenn Sie nur noch zwölf Monate Lebenszeit vor sich hätten,
   aber bis zum Ende völlig gesund, schmerzfrei, also im Vollbesitz Ihrer physischen und geistigen Kräfte wären, und Sie schon alle Plätze dieser Welt, die für Sie interessant sind, gesehen hätten und auch alle Verwandten und Freunde über Ihr Schicksal informiert hätten und sich mit den für Sie wichtigen Personen ausgesprochen hätten?

_____

_____

_____

_____

2) Was würden Sie tun, wenn Sie 10 Millionen Euro ausgeben könnten
   und schon alle persönlichen Finanzfragen geklärt hätten, Ihrer Familie und Freunden bereits genug gegeben hätten, ebenso für wohltätige Zwecke bereits genug gespendet hätten und bei bester persönlicher Gesundheit wären?

_____

_____

_____

_____

3) Was würden Sie machen, wenn Sie wüssten, es könnte nichts schief gehen, alles was Sie machen und anpacken, gelingt Ihnen?
   Lassen Sie Ihrer Fantasie freien Lauf. Unabhängig davon, wer Sie heute sind und in welcher Situation Sie leben.

_____

_____

_____

_____

4) Welche Person würden Sie gerne sein wollen, wenn Sie es sich aussuchen könnten?

Egal aus welchem Bereich auch immer, Kunst, Kultur, Politik, Geschichte, Literatur, egal ob diese Person männlich oder weiblich ist, noch lebt oder bereits vor langer Zeit gelebt hat, unabhängig davon, ob sie überhaupt jemals real existiert hat oder nicht, also auch nur ein fiktiver Charakter ist (z. B. Micky Maus).

_____

_____

_____

_____

5) Wenn Sie ein Tier oder ein Gegenstand sein könnten, was wären Sie dann am liebsten und warum?

Lassen Sie Ihrer Fantasie freien Lauf.

_____

_____

_____

_____

Gönnen Sie sich jetzt eine Pause (ca. halbe Stunde), bevor Sie weitermachen.

6) Was erwarten Sie von Ihrem Leben?

Sie können nicht wissen, was Sie von Ihrem Berufsleben erwarten, wenn Ihnen nicht klar ist, was Sie sich eigentlich von Ihrem Leben erwarten.

_____

_____

_____

7) Was bedeutet für Sie Erfolg?
Suchen Sie sich keine Arbeitsaufgaben, keinen Arbeitsplatz, bevor Sie nicht wirklich darüber nachgedacht haben, was Erfolg für Sie persönlich bedeutet.

_____

_____

_____

_____

8) Was möchten Sie im Leben allgemein, für sich privat und beruflich erreichen?
Bestimmen Sie zuerst, was Sie im Leben beruflich wie privat erreichen wollen, und machen Sie sich erst dann auf den Weg zu Ihren Zielen.

_____

_____

_____

_____

9) Wem möchten Sie imponieren, wen durch Ihre persönlichen Eigenschaften und beruflichen Leistungen beeindrucken?
Die meisten Menschen sind permanent bemüht, andere Menschen zu beeindrucken. Finden Sie heraus, wen Sie auf welche Weise beeindrucken wollen und warum. Man kann nicht alle Menschen gleich beeindrucken. Manche sind durch Geld, Status, Intellekt, Charakter, Fertigkeiten usw. zu überzeugen. Weshalb wollen Sie bewundert werden und von wem? Wir wünschen uns alle Beachtung und Wertschätzung. Die Frage ist nur, in wessen Augen und auf welche Weise.

_____

_____

_____

_____

10) Was ist Ihr eigentlicher Plan, Ihr geheimer Wunsch, Ihr Traumziel: reich, bewundert, berühmt oder mächtig und einflussreich zu werden?
   Entscheiden Sie sich. Keiner spricht gerne offen von seinen Wünschen, beispielsweise »stinkreich« werden zu wollen, immer im Mittelpunkt des Interesses zu stehen, von allen bewundert zu werden oder Macht ausüben zu können. Überwinden Sie sich, und gestehen Sie sich schonungslos ein, was Sie anderen gegenüber nicht so gerne zugeben würden. Es hilft Ihnen herauszufinden, worum es Ihnen wirklich geht.

_____

_____

_____

_____

Man kann schnell einer (Selbst-)Täuschung anheimfallen, wenn es um die Frage geht: Was erwarte ich vom Leben? Denken Sie besser zweimal darüber nach.

Viele Leute um Sie herum sagen Ihnen, was Sie vom Leben erwarten sollten: Ihre Eltern, Lehrer, älteren Geschwister, Freunde. Doch Sie müssen die Ratschläge anderer Menschen für sich nicht akzeptieren. Gehen Sie mutig Ihren eigenen Weg.

Setzen Sie sich mit diesen Fragen auseinander. Es lohnt sich, länger darüber nachzudenken.

Haben Sie Antworten auf alle Fragen gefunden? Ist bei Ihnen der eine oder andere Stein ins Rollen gekommen? Es wäre nicht verwunderlich. Sie wären zumindest nicht der/die Erste.

Vordergründig ist diese Übung hilfreich, um Antworten darauf zu finden, wie man sich bei einem gewollten oder erzwungenen Jobwechsel beispielsweise auf dem Arbeitsmarkt positioniert. Tatsächlich greift diese Übung aber viel tiefer, weil sie einen Selbstreflexionsprozess auslöst. Wer sich intensiv mit den Fragen auseinander setzt, findet einen neuen Blickwinkel und schafft ein anderes Bewusstsein. Die Übung hilft, sich über sich selbst, seine Vorstellungen und Ziele klar zu werden und die eigene Rolle im Leben zu bestimmen.

Ziele brauchen AROMA

Welche Ziele haben Sie also? Wenn Sie Ziele aus der vorherigen Übung abgeleitet haben oder sich jetzt noch einmal neu besinnen wollen, ist es hilfreich sich an eine eingängige Formel zu halten – die *Aroma*-Formel. Was steckt hinter der Abkürzung?

A *ussagefähig*
Bei der Zielsetzung muss mir klar sein: Was genau will ich erreichen (Ergebnis, Zustand etc.)? Ist mein Ziel klar, verständlich, spezifisch?

R *ealistisch*
Vom Tellerwäscher zum Millionär – das klappt in den wenigsten Fällen. Es gilt also zu überlegen: Kann ich das Ziel in der vorgegebenen Zeit, unter den gegebenen Umständen erreichen? An welche Rahmenbedingungen muss ich denken? Welche Fähigkeiten brauche ich dafür? Habe ich alle notwendigen Mittel (Technik, Unterstützung durch Vorgesetzte und Kollegen etc.)?

O *bjektiv überprüfbar*
Können auch andere Personen außer mir feststellen, ob ich mein Ziel erreicht habe? Das ist wichtig, um sich nicht selbst zu betrügen nach dem Motto: Ach na ja, irgendwie so, wie es jetzt ist, so wollte ich es ja auch ... Außerdem muss klar sein: Bis wann wollen Sie das Ziel erreichen (eindeutige Termine)?

M *essbar*
Wichtig ist zu überlegen: Wie kann ich meine Zielerreichung messen? Das heißt, was muss gegeben sein, um deutlich zu sagen: Ja, ich hab's geschafft! Wie bekomme ich Feedback, ob ich das Ziel erreicht habe? Und: Wie häufig und exakt kann gemessen werden? Gibt es Zwischenresultate?

A *ttraktiv*
Ist das Ziel interessant?
Ist es attraktiv und herausfordernd?
Was motiviert?
Wie sieht der Zustand nach Erreichen des Ziels aus?

Wenn Sie sich noch unsicher sind, ob die von Ihnen ins Auge gefassten Ziele wirklich umsetzbar sind, können Sie sich mit der Pro-Kontra-Methode mehr Klarheit verschaffen:

Übung: Pro und Kontra

Zeit: ca. 30 Minuten
Was Sie benötigen: Stift, Papier
Gruppengröße: allein
So geht's: Beschreiben Sie ein Papier wie im folgenden Beispiel:

Mein Ziel:

Warum ich das Ziel erreichen kann:	Warum ich das Ziel nicht erreichen kann:

1. Schritt: Schreiben Sie in die linke Spalte die Gründe, die für das Erreichen des Ziels, in die rechte Spalte die Gründe, die dagegen sprechen.
2. Schritt: Widmen Sie sich der rechten Seite: Wie triftig sind die Gründe? Sind es echte Gründe, die unumstößlich sind, oder lässt sich daran etwas tun, z. B. mangelnde Fähigkeiten – lassen die sich durch eine Schulung ausgleichen?
3. Schritt: Gibt es noch immer triftige Gründe, die gegen das Ziel sprechen?
4. Schritt: Vergleichen Sie beide Spalten miteinander. Welche hat mehr Gewicht?

Wenn Sie auf diese Weise mehrere Ziele gefunden haben, sollten Sie sich konkret Gedanken über die Umsetzung machen. Wie lässt sich ein großes Ziel in Unterziele gliedern? Diese Unterteilung ist wichtig für die Motivation. Erfahrungsgemäß stellen sich nach rund 100 Tagen die ersten Rückschläge und Schwierigkeiten ein. Wenn man dann ein ganz großes Ziel vor Augen hat, fühlt man sich leicht von dem großen Berg an Aufgaben erdrückt. Besser, man arbeitet sich schrittweise vor, teilt also die große Strecke in Zwischenetappen (*Salami-Taktik*, siehe Seite 162). Und: Nach jeder erreichten Etappe sollten Sie sich selbst belohnen. Das steigert weiter die Motivation, dran zu bleiben, denn es ist ein deutlich sichtbares Zeichen, dass es vorwärts geht.

Übung: Ziele konkretisieren

Dauer: ca. 40 Minuten
Was Sie benötigen: Stift, Papier
Gruppengröße: allein
So geht's: Notieren Sie ein berufliches und ein privates Jahresziel. Schreiben Sie zu beiden jeweils drei Unterziele auf, das heißt Etappen auf dem Weg zu diesem Ziel. Formulieren Sie so konkret wie möglich. Also beispielsweise nicht: »Ich will gesünder leben«, sondern: »Ich mache jeden Morgen nach dem Aufstehen 15 Minuten Gymnastik und benutze statt des Fahrstuhls die Treppen.« Nur wenn Sie ganz genau auf den Punkt bringen, was Sie sich vornehmen, lässt sich überprüfen, ob Sie sich auch wirklich dran halten. Das heißt: Sie können sich auch selbst nicht so schnell anschwindeln. Erst recht nicht, wenn Sie die Ziele wie hier schriftlich festhalten. So können Sie immer wieder nachlesen ...

Mein privates Jahresziel:	Mein berufliches Jahresziel:
1. Unterziel	1. Unterziel
2. Unterziel	2. Unterziel
3. Unterziel	3. Unterziel

2. Schritt: Planung

Der Wiener Unternehmensberater Alois Czipin ermittelte, dass deutsche Firmen durch schlechte Abläufe im Schnitt 85 Arbeitstage pro Jahr verlieren und 38 Prozent Produktivität einbüßen.[33] Ein optimiertes Zeit- und Selbstmanagement wäre demnach dringend nötig. Das heißt nicht, dass noch mehr in kürzerer Zeit gearbeitet werden soll. Es geht vielmehr darum, die Zeit sinnvoll zu nutzen. Dazu ist vor allem eins nötig: Planung.

Viele Menschen planen gar nicht. Dabei ist es sinnvoll, weil man strukturierter vorgeht. Planung bringt auch Entlastung. Mit einer guten Planung behalten Sie die Übersicht.

Außerdem verschafft Planung Zeitgewinn. Je mehr Zeit ich in die Planung investiere, desto geringer der Zeitaufwand für die eigentliche Aufgabe. Optimisten gehen davon aus, dass eine Verdoppelung der Planungszeit eine Halbierung der Durchführungszeit bringt. Auch wenn Sie nicht ganz so viel Zeitgewinn davontragen – Planung lohnt sich in jedem Fall.

Sie sollten sich nur davor hüten, zu viel zu planen. Wie sang John Lennon einst: »*Life is what happens while we are making other plans.*« Das heißt, es kann (und wird!) immer wieder zu unvorhergesehenen Unterbrechungen kommen. Wenn Sie beispielsweise den kompletten Tag minutiös durchgeplant haben und es kommt nur zu einer Unterbrechung, gerät die gesamte Planung durcheinander. Verplanen Sie also nur 60 Prozent, den Rest halten Sie als Pufferzeit für unvorhergesehene Ereignisse offen.

Verschiedene Zeitplaneinheiten

Da wir leider nicht unbegrenzt Zeit zur Verfügung haben, ist es sinnvoll sich unbedingt eine Übersicht über das eigene Zeitbudget zu verschaffen. Jahres-, Monats-, Wochen- und Tagespläne helfen, Licht ins Dunkel zu bringen.

Jahresplan
Um Fernziele festzulegen, empfiehlt sich der Jahresplan. Hier werden keine »Kleinigkeiten« festgehalten, sondern die ganz großen Aufgaben, langfristige Projekte, ein Umzug, Prüfungen… Notieren Sie hier, was Sie sich für die nächsten 12 Monate vornehmen.

Monatsplan
Hier können Sie die Schritte zur monatlichen Umsetzung des Jahresplans notieren. Welche Maßnahmen sind dafür nötig, ab wann sollte man etwa damit beginnen?

Wochenplan
Anders als Jahres- und Monatsplan ist der Wochenplan eine detailliertere Vorausschau und für sehr konkrete Ziele der ideale Rahmen. Allerdings wiederum nicht so detailliert wie der Tagesplan. Es wird hier also nicht jede zu erledigende Aufgabe eingetragen, sondern Schwerpunktaufgaben, bzw. Aufgaben, die terminlich gebunden sind oder sich nicht an einem Tag absolvieren lassen. Je vorausschauender Sie hier agieren, desto kleiner die Gefahr, dass Sie bei den Tagesplänen in Hektik geraten. Die Wochenpläne helfen Ihnen, Tag für Tag den Überblick zu behalten, und geben Orientierung für das tägliche Setzen von *Prioritäten* (siehe Seite 163 ff.).
Folgende Checkliste hilft Ihnen, den Wochenplan zu erstellen:

Überlegen Sie bei der Planung,
- worauf Sie sich in dieser Woche hauptsächlich konzentrieren müssen.
- welche Wochenaufgabe sehr viel Zeit in Anspruch nimmt.
- womit Sie in dieser Woche beginnen, bzw. was Sie in dieser Woche fertig stellen müssen.
- womit Sie – falls es die Zeit zulässt – beginnen könnten bzw. welche Aufgaben Sie vorbereiten könnten.
- womit Sie rechnen müssten, also mögliche Veränderungen, Unterbrechungen, neue Situationen.

Probieren Sie es gleich einmal aus, Ihren persönlichen Wochenplan für die nächste Woche zu erstellen.

Übung: Wochenplan

Dauer: ca. 20 Minuten
Was Sie benötigen: Stift, Papier, ggf. Timer mit Wochenplanblatt
Gruppengröße: allein
So geht's: Erstellen Sie bitte schriftlich den Wochenplan für die kommende Woche. Nehmen Sie die Checkliste für den Wochenplan zu Hilfe.

Montag	Dienstag	Mittwoch	Donnerstag	Freitag	Samstag	Sonntag

War es schwierig, die wichtigsten Aufgaben für den Wochenplan festzulegen? Haben Sie auch an private Anlässe gedacht? Wenn Sie in der kommenden Woche Tagespläne entwickeln, sollten Sie sich als Erinnerungshilfe diesen Wochenplan danebenlegen. So behalten Sie den Überblick und wissen, wann genau mit einzelnen Maßnahmen zu beginnen ist bzw. was wann abgeschlossen sein muss.

Tagesplan
Die kleinste Einheit bildet der Tagesplan. Hier notieren Sie alle Termine und zu erledigende Aufgaben des Tages. Am besten schreiben Sie hinter die Aufgaben, welche Priorität sie haben (A für erste Priorität, B für zweite Priorität, C für dritte Priorität). Damit verhindern Sie, dass Sie sich mit eher unwichtigen Aufgaben beschäftigen und die wichtigen liegen bleiben. Es ist empfehlenswert, den Tagesplan schon am Abend zuvor zu schreiben. Sie haben dann nicht ständig das Gefühl, Sie könnten etwas vergessen. Und das Unterbewusstsein kann sich schon mal auf das einstellen, was am nächsten Tag auf Sie zukommt. Das erleichtert den Start.

Planung ist gut und wichtig, aber verfallen Sie nicht dem Hang zur Überplanung. Für den Tagesplan sollten Sie etwa 10 Minuten aufwenden, für den Wochenplan etwa 20 Minuten, bis zu 30 Minuten für den Monatsplan.

2. Schritt: Planung

Alpen-Methode
Wer bisher wenig oder gar nicht geplant hat, kann als Hilfestellung die ALPEN-Methode nutzen, die an die wichtigsten Schritte erinnert:
A = Aufgaben zusammenstellen
L = Länge der Aufgaben einschätzen
P = Pufferzeiten einrichten (*60/40-Regel*, siehe Seite 156)
E = Entscheidungen treffen (Was hat Priorität A, B, C? siehe Seite 158)
N = Nachkontrolle (siehe Seite 173 ff.)

Apropos Nachkontrolle. Dabei stellen Sie möglicherweise fest, dass bestimmte Aufgaben viel mehr Zeit in Anspruch genommen haben als zunächst einkalkuliert. Das kann daran liegen, dass Sie sich in der realistischen Einschätzung üben müssen. Ein anderer, sehr verbreiteter Grund: Störgrößen, die Sie davon abhalten, das zu tun, was Sie eigentlich erledigen möchten oder müssen. Im Zeit- und Selbstmanagement werden sie auch Zeitdiebe genannt, weil sie die Zeit stehlen.

☞ **Tipp**
Betreiben Sie Ihre Zeitplanung unbedingt kontinuierlich. Gerade dann, wenn Sie meinen, dafür keine Zeit zu haben.

Zeitdiebe

Beispiel: Zeitdieb Konferenzen. Eine Studie der University of South Australia folgert, dass ineffektive Besprechungen Firmen viel Zeit und Geld kosten. Demnach »schläft ein Drittel der australischen Manager bei Besprechungen ein. 87 Prozent der 300 Befragten gaben an, während Sitzungen Tagträumen nachzugehen.«[34]

Pareto-Prinzip
Dass Konferenzen häufig teuer bezahlte Langeweile und zeitverschwendende Angelegenheiten sind, lässt sich mit dem Pareto-Prinzip nachvollziehen, das auf den italienischen Volkswirtschaftler Vilfredo Pareto zurückgeht. Er wies nach, dass im Italien des 19. Jahrhunderts 80 Prozent des Besitzes in den Händen von 20 Prozent der Bevölkerung lagen. Und dieses Pareto-Prinzip ist auf andere Bereiche übertragbar, z. B. auf Konferenzen. Bei Besprechungen ist es meist so, dass in 20 Prozent der Besprechungszeit 80 Prozent der Beschlüsse gefasst werden. Im Rest der Besprechungszeit wird meist herumgeredet, sich

dargestellt, werden Befindlichkeiten ausgetauscht oder – wie wir gerade erfahren haben – geschlafen.
Wie lässt sich der Zeitdieb Konferenz in den Griff bekommen?

Klären Sie,
- ob die Sitzung überhaupt nötig ist.
- ob es unbedingt eine Konferenz, eine Sitzung, ein Meeting sein muss. Lässt sich manches nicht auch telefonisch, über Mails etc. klären?
- ob Sie unbedingt dabei sein müssen. Vielleicht kann jemand Sie vertreten?
- ob alle wissen, worum es geht. Daher ist eine Tagesordnung wichtig. Und: Vorbereitungszeit vor der Sitzung einräumen!
- wie lange die einzelnen Redebeiträge dauern sollen und wer die Zeiten überwacht.
- dass Killerphrasen nicht erwünscht sind.
- wer Protokoll führt. In diesem sollte auch der Aktionsplan schriftlich festgehalten werden: Wer macht was bis wann ggf. mit wem?

Konferenzen – nur ein Zeitdieb von vielen. Wichtig ist, dass Sie die wichtigsten dingfest machen. Denn auch hier greift das Pareto-Prinzip: 20 Prozent der Zeitdiebe verursachen 80 Prozent des Schadens. Wichtig ist also, die schlimmsten in den Griff zu bekommen. Darum geht es in folgender Übung.

Übung: Fang den Zeitdieb

Dauer: ca. 20 bis 30 Minuten
Was Sie benötigen: Stift, Papier
Gruppengröße: allein
So geht's: Denken Sie an die letzten ein, zwei Wochen und überlegen Sie, was Sie bei der Arbeit oder anderen Beschäftigungen gestört, abgelenkt, unterbrochen hat. Wenn Sie eine *Tätigkeitsanalyse* gemacht haben, werden Sie auch dort unter dem Punkt Störungen fündig werden. Versuchen Sie, Ursachen und mögliche Lösungen im Kampf gegen die schlimmsten Zeitdiebe zu finden und sie in die auf der nächsten Seite stehenden Tabelle einzutragen.

2. Schritt: Planung

Zeitdieb	Ursache	Lösung

Lesen Sie bitte erst weiter, wenn Sie die Aufgabe beendet haben.

Die schlimmsten Zeitdiebe und was Sie dagegen tun können:

Zeitdieb	Ursache	Lösung
Unterbrechungen	Mangelnde Selbstdisziplin, Gewohnheiten	Sich abschirmen, sich nicht immer wieder rausreißen lassen. Am besten richten Sie die so genannte »stille Stunde« ein. Einmal am Tag sind Sie für niemanden zu erreichen. Hier können Sie konzentriert am Stück arbeiten. Ein äußerst effektive Methode.
Nicht nein sagen können	Mangelndes Selbstbewusstsein, Angst vor den Folgen. Viele Menschen suchen Anerkennung und Akzeptanz durch andere und wollen anderen gefallen. Deshalb sagen sie zu oft ja, obwohl sie eigentlich nein meinen.	Handeln Sie nicht aus einem falschen Pflichtgefühl heraus. Wer immer ja sagt, wird von anderen nicht ernst genommen – nach dem Motto: mit ihm/ihr kann man es ja machen. Wenn Sie selbst Ihre Ziele klar vor Augen haben, wird es Ihnen leichter fallen, nein zu sagen. Außerdem hilfreich: Ihre Tages- und Wochenpläne immer griffbereit in der Nähe zu haben Sie bieten eine gute Unterstützung für Ihre Argumentation, z. B.: »Wenn ich Aufgabe A vernünftig machen soll, bleibt mir keine Zeit mehr für B ...«

		Sagen Sie nein in 4 Schritten: 1. Aufmerksam zuhören. 2. Sagen Sie sofort nein, um keine falschen Hoffnungen zu wecken. 3. Begründen Sie kurz Ihre Ablehnung. 4. Ggf. Alternativen anbieten (Telefonnummern, Ansprechpartner, Papiere). Eine *Übung zum Neinsagen* finden Sie auf Seite 20.
Aufschieberitis	Sich nicht entscheiden können, Bequemlichkeit	Mit Fristensetzung und der Salami-Taktik können Sie Aufschieberitis wirksam bekämpfen. »The positive power of a deadline« haben es Mackenzie/Waldo[35] genannt – die positive Kraft von Fristen. Manchmal ist Termindruck zwar lästig, er kann uns aber andererseits auch dazu bringen, nun endlich die Aufgaben anzugehen und uns zu begrenzen. Salami-Taktik heißt, große Aufgaben in kleine Abschnitte zu teilen. Der große Berg an Arbeit wird plötzlich überschaubar und wirkt nicht so erdrückend. Wenn Sie ein Teilziel erreichen, steigt die Motivation. Stück für Stück arbeiten Sie sich vor.
Alles allein tun wollen	Angst, Macht abzugeben, Furcht, andere könnten es nicht richtig machen	Delegation: Sie müssen nicht alles selber machen. Vor jeder Aufgabe sollten Sie sich fragen: Muss ich das selber tun oder kann ich es abgeben? Wenn Sie delegieren, sollten Sie anfangs helfend zur Seite stehen, damit das Ergebnis auch Ihren Vorstellungen entspricht.
Zu viele Dinge auf einmal tun	Vielbeschäftigten Eindruck machen, Selbstbestätigung	Man kann nicht auf mehreren Hochzeiten gleichzeitig tanzen. Die Ergebnisse werden darunter leiden. Sie

		brauchen später mehr Zeit, um Fehler auszubügeln. Besser: eins nach dem anderen konzentriert abarbeiten.
Hast, Ungeduld	Keine oder schlechte Planung	Wer planlos und hastig an Aufgaben herangeht, will damit Zeit sparen. Letztlich kostet es aber Zeit. So entstehen Flüchtigkeitsfehler. Man muss erneut anfangen oder einiges wiederholen. Besser: *Pläne machen* (vgl. Seite 156ff.) und strukturiert vorgehen. Das beruhigt und verschafft die nötige innere Stärke in stressigen Zeiten.
Überhäufter Schreibtisch	Faulheit, Ausreden	Sorgen Sie für einen ordentlichen Schreibtisch. Unordnung führt oft dazu, dass Arbeiten vergessen oder erst in letzter Minute erledigt werden. Außerdem: Was glauben Sie, wie viel Zeit Sie mit dem Suchen verlieren? Räumen Sie regelmäßig Ihren Schreibtisch auf. Und: Nehmen Sie jedes Papier/Schreiben nur einmal in die Hand. Entscheiden Sie sofort, was damit passieren soll: sofort erledigen, Wiedervorlage, Ablage, an jemand anderes schicken?

3. und 4. Schritt: Entscheidung und Umsetzung

Prioritäten setzen

Möglicherweise kennen Sie das auch: Sie kommen abends nach Hause und sind ziemlich unzufrieden, weil der Arbeitstag nicht so gelaufen ist, wie Sie sich das vorgestellt haben. Sie haben zwar viel gearbeitet, aber die wichtigsten Dinge, die Sie erledigen wollten, sind liegen geblieben.

Dem kann man entgegenwirken, indem man nicht nur plant, welche Aufgaben insgesamt zu erledigen sind, sondern indem man auch noch nach Prioritäten unterscheidet. Getreu dem Motto: *First things first!*

Umfragen unter amerikanischen Managern haben gezeigt, dass nicht mal 10 Prozent sich fragen, welches die wichtigste Aufgabe für den anstehenden Tag ist. Da fragt man sich: Wenn sie nicht mal das wichtigste Ziel für den Tag kennen, woher wollen sie eigentlich wissen, welche Maßnahmen die wichtigsten sind?[36]

Versehen Sie bei der Aufgabenzusammenstellung die einzelnen Tätigkeiten unbedingt mit Prioritäten (A = oberste Priorität, B = zweite Priorität, C = dritte Priorität). Nur wirklich wichtige Aufgaben sollten der ersten Kategorie zugeordnet werden. Manchmal haben Aufgaben nur den Anschein wichtig zu sein, dabei sind sie höchstens dringend. Viele Menschen verwechseln die beiden Wörter. Dringend ist eine zeitliche Größe, wichtig eine qualitative.

Eisenhower-Prinzip

Zugegeben: Manchmal fällt es schwer zu entscheiden, welche Aufgabe oberste Priorität hat, welche wirklich wichtig ist, und welche nur scheinbar.

Aus dieser Misere hilft das Eisenhower-Prinzip. Der General Dwight D. Eisenhower und spätere Präsident gab diesem Prinzip den Namen, das dabei hilft, Wichtiges von Unwichtigem zu unterschieden.

Eisenhower hatte erkannt, dass wir uns bei einem Großteil unserer Arbeit und anderer Aktivitäten nicht an dem orientieren, was wirklich wichtig ist, sondern uns von zeitlichem Druck, Zufällen oder persönlichen Vorlieben leiten lassen. Das wiederum bringt große Zeitverluste. Der einfach Aufbau des Eisenhower-Prinzips hilft bei der Unterscheidung von wichtigen und dringenden Tätigkeiten. Demnach müssen Tätigkeiten nach vier Kriterien unterschieden werden: wichtig, unwichtig, dringend, nicht dringend. Auf diese Weise entstehen vier Quadranten.

Quadrant der Notwendigkeit (1)
Quadrant 1, auch der Quadrant der Notwendigkeit genannt, umfasst die Tätigkeiten, die wichtig und dringend sind. In diesem Quadranten müssen wir uns zwangsläufig aufhalten, weil es immer wieder zu Krisen oder unvorhergesehenen Zwischenfällen kommen kann. Damit sind Ereignisse gemeint wie ein schwerer Verkehrsunfall, ein Maschinenausfall, ein ärgerlicher Großkun-

de, um den man sich kümmern muss... Allerdings: Viele wichtige Angelegenheiten des Quadranten 1 sind erst wichtig *und (!)* dringend geworden, weil vorher zu wenig vorgesorgt, geplant, strukturiert wurde.

Quadrant der Qualität (2)
Im zweiten Quadranten, dem Quadranten der Qualität, finden sich die Tätigkeiten, die wichtig, aber nicht dringend sind. Hier geht's vor allem um langfristige Planungen, vorbeugendes Verhalten, klärende Gespräche, Weiterbildung. Gutes erfolgreiches Zeit- und Selbstmanagement zeichnet sich dadurch aus, dass Sie möglichst viel Zeit in diesem Quadranten verbringen. Je weniger Sie sich hier aufhalten, desto größer die Gefahr, dass Sie häufiger im Quadrant 1 aktiv werden und Feuerwehr spielen müssen.

Quadrant der Täuschung (3)
Der dritte Quadrant (Quadrant der Täuschung) wird häufig mit dem ersten verwechselt, weil der Trubel der Dringlichkeit die Illusion von Wichtigkeit erzeugt. Viele Anrufe, Aufgaben, die typischerweise eingeleitet werden mit Sätzen wie »*Du, es ist ganz wichtig, kannst du mal schnell...*«, Besprechungen, Besuche gehören in diese Kategorie. In diesem Quadranten finden Sie auch viele »gute alte Bekannte« wieder, die lästigen Zeitdiebe.

Quadrant der Verschwendung (4)
Im vierten Quadranten (Quadrant der Verschwendung) müssten wir uns eigentlich gar nicht aufhalten, hier verpulvern wir unsere Zeit sinnlos, indem wir uns z.B. durch stundenlange hirnlose TV-Programme berieseln lassen. Manchmal können wir allerdings nicht mehr anders als nur noch auf den Fernsehknopf zu drücken, zu sehr hat uns der Dringlichkeitsterror mitgenommen, dass wir meinen, hier die erhoffte Entspannung zu finden. Allerdings stellt man hinterher meist fest, dass doch ein Waldlauf, ein Entspannungstraining oder das Lesen eines guten Buches mehr zu Ausgeglichenheit und Wohlbefinden beigetragen hätten. Deshalb: Eigentlich ist dieser Quadrant überflüssig – man muss es nur rechtzeitig erkennen.

Eisenhower empfiehlt:
- Aufgaben, die sowohl wichtig als auch dringend sind (Q 1), müssen wir sofort anpacken.
- Aufgaben, die nicht dringend, aber wichtig sind (Q 2), tragen wir in unser Zeitplanbuch ein.

- Aufgaben, die dringend, aber unwichtig sind (Q 3), sollten Sie möglichst delegieren bzw. reduzieren.
- Aufgaben, die weder wichtig noch dringend sind (Q 4), unbedingt vermeiden.

Folgende Darstellung zeigt die Quadranten des Eisenhower-Prinzip auf einen Blick:[37]

	Dringend	Nicht dringend
W I C H T I G	*Tätigkeiten wie:* *Krisen* *drängende Probleme* *Besprechungen* *Operationen* *Reparaturen* *etc.*	*Tätigkeiten wie:* *Planung* *Vorbereitung* *Gespräche* *Weiterbildung* *Entspannung* *Vorbeugung* *etc.*
U N W I C H T I G	*Tätigkeiten wie:* *Unterbrechungen* *Störungen* *viele Anrufe* *Besucher* *Konferenzen* *selbst gewählte Ablenkungen* *drängende Angelegenheiten* *etc.*	*Tätigkeiten wie:* *zeitverschwendende Aktivitäten* *Dauertelefonate* *TV-Berieselung* *Fluchtaktivitäten* *etc.*

Überprüfen Sie nun Ihre Tätigkeiten mit Hilfe des Eisenhower-Prinzips:

Übung: Eisenhower-Prinzip

Dauer: ca. 30 Minuten
Was Sie benötigen: Stift
Gruppengröße: allein
So geht's: Lassen Sie die letzte Woche Revue passieren und versuchen Sie, Ihre Tätigkeiten, Aufgaben, Beschäftigungen (Unterbrechungen nicht vergessen!) den vier Quadranten des Eisenhower-Prinzips zuzuordnen.

3. und 4. Schritt: Entscheidung und Umsetzung

	Dringend	Nicht dringend
W I C H T I G	1	2
U N W I C H T I G	3	4

Ist es Ihnen gelungen, Ihre Tätigkeiten zuzuordnen? Was fällt auf? War die Zeit optimal genutzt? Wie hätte es besser laufen können? Gab es Tätigkeiten, auf die Sie hätten verzichten können? Gab es Aktionen, die dem ersten Quadranten zuzuordnen sind, die aber erst z. B. durch Aufschieberitis hierher gerutscht sind? Welche Schlüsse ziehen Sie daraus für künftige Aktivitäten und Planungen?

☞ **Tipp**

Wenn wieder mal ganz dringliche Aufgaben an Sie herangetragen werden, sollten Sie diese mit einer Checkliste prüfen. Möglicherweise stellen Sie so sehr schnell fest, dass die Aufgabe nicht, oder nicht jetzt oder nicht von Ihnen erledigt werden muss. Die Fragen zum Check von dringlichen Aufgaben lauten:
- Warum ich?
- Warum überhaupt?
- Warum gerade jetzt?
- Warum in dieser Form?
- Was bleibt stattdessen liegen?
- Welche Auswirkungen hat eine Prioritätenänderung auf andere Aufgaben?

Viele Leute führen Zeitplanbücher bzw. haben so genannte Timer, was – wie bereits beschrieben – für die Planung von Vorteil ist. Wenn man diese Bücher aufschlägt, findet man bei den meisten Menschen allerdings nur oder überwiegend berufliche Termine notiert. Private Verabredungen scheinen nicht so bedeutend zu sein, als dass man sie im Terminbuch festhalten bzw. vorher einplanen müsste. So manch einer nimmt sein Privatleben weniger wichtig. Berufliches geht immer vor. Ist das bei Ihnen auch so? Dann möchte ich an dieser Stelle gern Stephen Covey zitieren, der genau davor warnt, wenn er sagt:

»*Wer bedauert es schon auf dem Sterbebett, nicht mehr Zeit im Büro verbracht zu haben.*«

Von Covey stammt auch das folgende Vier-Kreis-Modell, das die vier Grundbedürfnisse des Menschen zeigt – das physische, soziale, mentale und spirituelle Grundbedürfnis. »Wenn diese Grundbedürfnisse nicht zufriedengestellt werden, fühlen wir uns leer und unvollkommen.«[38]

Mit dem physischen Bedürfnis ist das Bedürfnis nach Essen, Kleidung, einem Dach über dem Kopf, finanzieller Sicherheit, Gesundheit etc. gemeint.

Das soziale Grundbedürfnis ist das Bedürfnis nach Liebe und Beziehungen zu anderen Menschen.

Mit dem mentalen Bedürfnis spricht Covey das Bedürfnis nach geistiger Entwicklung, Weiterbildung an.

Das spirituelle Bedürfnis schließlich ist das Bedürfnis nach Sinn, Orientierung, einem Beitrag zum Allgemeinwohl.

Vier-Kreis-Modell[39]

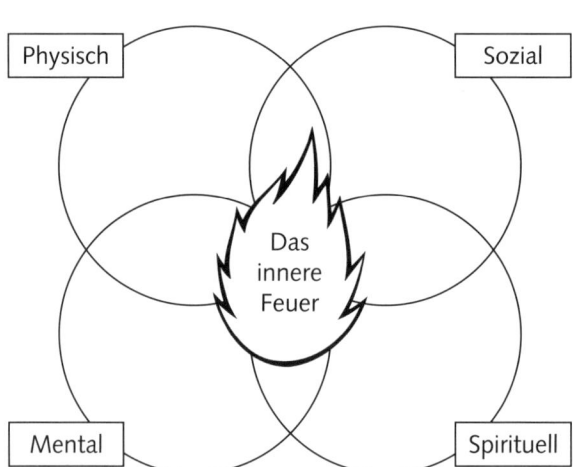

Jedes Bedürfnis hat große Bedeutung. Wird eines vernachlässigt bzw. nicht erfüllt, mindert dies erheblich die Lebensqualität. Und: Es kann zu einer Art schwarzem Loch werden, das Kraft und Energie kostet und sich darüber hinaus auch auf die anderen Bereiche negativ auswirkt. »Erst dort, wo sich die vier Bedürfnisse überschneiden, finden wir echtes Gleichgewicht, tiefe Erfüllung und Freude.«[40]

Und eins ist noch wichtig: Man kann nicht durch Überaktivität in einem der Bereiche Mankos in einem anderen ausgleichen. Anschaulich hat dies der bekannte Chemiker Justus von Liebig erklärt. Er zeigte, dass eine Pflanze, die vier Rohstoffe zum Leben braucht, nicht gedeihen kann, wenn man einen weglässt und ihr dafür von einem anderen mehr zuführt. So gesehen sind die vier Grundbedürfnisse so etwas wie Rohstoffe unseres Lebens.

Werfen Sie einen Blick auf Ihr Leben. Können Sie sagen, dass Ihre Grundbedürfnisse erfüllt sind? Wo stimmt es nicht? Was kostet Sie Energie und raubt Ihnen zu viel Kraft?

Um Antworten auf diese Fragen näher zu kommen, möchte ich Ihnen folgende Übung vorschlagen:

Übung: Energiebilanz erstellen

Dauer: 30 bis 45 Minuten
Was Sie benötigen: Stift
Gruppengröße: allein
Empfohlen von: Daniel Dunkhase, Management-Trainer und Berater für Change Management, Berlin

> **Daniel Dunkhase,** Jahrgang 1969, Management-Trainer und Berater für Change Management bei der MBT Organisationsberatung in Berlin, bietet Trainings zu Projektmanagement, Führung, Selbst- und Zeitmanagement, Konfliktmanagement, Moderation und Präsentation an.
>
> In seinen Trainings legt er Wert auf hohen Praxisbezug und langfristigen Nutzen für die Teilnehmenden.
>
> Daniel Dunkhase empfiehlt die Übung Energiebilanz, weil sie dazu anregt, die eigene Lebenssituation zu reflektieren sowie Einseitigkeiten zu erkennen, und weil sie darauf abzielt, die verschiedenen Lebensbereiche in eine Balance zu bringen.

So geht's: Um die vier Lebensbereiche Familie/Partnerschaft, Arbeit/Beruf, Freunde/Freizeit und Körper/Gesundheit geht es in dieser Übung. Überprüfen Sie genau, wie hier Ihre persönliche Energiebilanz ausfällt. Was zu den Bereichen zählen könnte, zeigt zunächst folgendes Beispiel:

Erstellen Sie Ihre Energiebilanz

Familie und Partnerschaft	Arbeit und Beruf
Zum Beispiel: – Verhältnis zum Partner – Kinder – Zeit für die Familie – Zärtlichkeit/Sexualität – Familienfeiern, Geburtstage … – Reise/Urlaub mit der Familie – Verwandtschaft	Zum Beispiel: – Besonderer Erfolg/Misserfolg – Verhältnis zu Kolleginnen und Kollengen – Verhältnis zum Chef – Projekte, Aufgaben – Zeitaufwand – Sicherheit des Arbeitsplatzes
Energiebilanz: ✚ ● ▬	Energiebilanz: ✚ ● ▬
Freunde und Freizeit	**Körper und Geist**
Zum Beispiel: – Freundeskreis – Hobbys – Turnier gewonnen/verloren? – Urlaub – Zeit für Freunde und Hobby – Gesellige Anlässe	Zum Beispiel: – Krankheiten – Figur – Fitness – Alkohol und Rauchen – Psychisches Befinden – Zeit, sich um die Gesundheit zu kümmern
Energiebilanz: ✚ ● ▬	Energiebilanz: ✚ ● ▬

Nun gilt es für Sie zu klären: Wie sieht Ihre Energiebilanz aus?

1. Überlegen Sie zu jedem der Bereiche Familie und Partnerschaft, Arbeit und Beruf, Freunde und Freizeit sowie Körper und Gesundheit, was Ihnen Energie und Kraft gibt bzw. raubt, und schreiben Sie diese in die Plus- bzw. Minusspalte des entsprechenden Feldes (siehe nächste Seite).

2. Ziehen Sie für jeden Bereich Bilanz: Spendet mir der Lebensbereich Energie (Plus), ist die Energiebilanz neutral (Kreis) oder raubt er mir Energie (Minus)?
3. Im besten Fall sind alle Bereiche mindestens ausgeglichen. Falls Sie Bereiche mit negativer Energiebilanz haben, überlegen Sie: Was kann (und will) ich tun, damit sich die Bilanz in diesem Bereich verbessert?

Familie und Partnerschaft ✚ ▬	Arbeit und Beruf ✚ ▬
Energiebilanz: ✚ ● ▬	Energiebilanz: ✚ ● ▬
Freunde und Freizeit ✚ ▬	Körper und Geist ✚ ▬
Energiebilanz: ✚ ● ▬	Energiebilanz: ✚ ● ▬

Wie Sie sehen: Zeitmanagement ist eben viel mehr, als nur Termine zu verwalten, Arbeit »möglichst effektiv« zu machen. Daher ist der Begriff Selbstmanagement wie bereits angesprochen passender. Es geht dabei um Sie selbst, um Ihr Leben, Ihre Einstellung, Ihre Bedürfnisse – und nicht nur um Ihre Termine am Arbeitsplatz.

Was will ich vom Leben?

Wenn Sie planen, sollten Sie immer überlegen: Was ist wirklich wichtig in meinem Leben? Was brauche ich, um glücklich, zufrieden zu sein?

Oft lässt man sich von der Alltagshektik so mitreißen und anstecken, dass man – trotz aller guten Vorsätze, sich möglichst auf das Wichtigste zu konzentrieren und sich von Dringlichem nicht täuschen zu lassen – in alte Gewohnheiten verfällt. Man tut Dinge, die scheinbar wichtig sind, aber tatsächlich nur dringend. Man regt sich über Kleinigkeiten auf oder beginnt sogar einen Streit über Dinge oder Umstände, die bei genauerer Betrachtung unwichtig sind. Viele Menschen erkennen erst dann, was wirklich wichtig ist, wenn sie in eine Krise geraten, weil z. B. ein Angehöriger stirbt. Dann weiß man plötzlich, was im Leben wirklich bedeutend ist und was weniger. Dann weiß man eigentlich Selbstverständliches zu schätzen, und die Prioritäten des Lebens sind klar geregelt. Doch muss es erst zu dieser Krise kommen? Wäre es nicht viel besser, sich viel eher darüber klar zu werden, was man vom Leben will?

Um die persönlichen Prioritäten zu klären, möchte ich Ihnen eine Übung empfehlen, die Ihnen auf den ersten Blick vielleicht etwas makaber erscheint. Es lohnt sich aber, die Scheu zu überwinden. Wenn Sie diese Übung gemacht haben, werden Sie viel klarer sehen und bei anstehenden Entscheidungen im Leben Prioritäten besser setzen können.

Stephen Covey erklärt, was hinter dieser Übung steckt:

»Wenn Sie das einmal gemacht haben, dann halten Sie ein Werkzeug in Händen, mit dem Sie Ihre wichtigen Rollen im Leben organisieren können, so dass Sie beispielsweise Ihre Familienrolle nicht wegen der Arbeit vernachlässigen, dass Sie Ihre Gesundheit nicht im Namen von Freunden vernachlässigen, dass Sie Ihre Integrität nicht der Effizienz opfern.«[41]

Übung: Eigene Grabrede

Dauer: Eine Stunde bis ein Leben lang
Was Sie benötigen: Stift, Papier
Gruppengröße: allein
So geht's: Schreiben Sie Ihre eigene Grabrede. Was soll man über Sie sagen, wenn Sie zum Beispiel mit 95 Jahren sterben? Schreiben Sie auf, was für ein Mensch Sie waren, worauf Sie Wert gelegt haben, was Ihnen wichtig war. Wie möchten Sie der Welt in Erinnerung bleiben? Lassen Sie sich Zeit. Lesen Sie noch nicht weiter.

Wenn Sie fertig sind, lesen Sie sich die Grabrede laut vor und lassen Sie alles eine Weile auf sich wirken. Stimmt das, was Sie über sich schrieben, so wie Sie gerne gesehen werden wollten, mit Ihrem jetzigen Leben überein? Leben Sie danach? Stimmen die Prioritäten? Oder vernachlässigen Sie eine Rolle übermäßig zugunsten einer anderen?

So können Sie aus der eigenen Grabrede eine Art Drehbuch mit den wichtigsten Zielen und Wertvorstellungen für Ihr Leben ableiten.

Bewahren Sie diese Rede gut auf und holen Sie sie immer mal wieder hervor, um zu überprüfen, ob Sie auch danach handeln. Natürlich kann es sein, dass sich Prioritäten im Leben verschieben. Deshalb sollten Sie von Zeit zu Zeit – alle 4 bis 5 Jahre – diese Übung wiederholen.

5. Schritt: Kontrolle

Zielsetzung erreicht?

Damit Sie mit Ihrem Zeit- und Selbstmanagement auch erfolgreich sind, ist eine Kontrolle dringend erforderlich. Überprüfen Sie, ob Ihre Zielsetzung das gewünschte Ergebnis gebracht hat. Wenn nicht, ist es unbedingt erforderlich, die Gründe herauszufinden, um bei weiteren Planungen erfolgreicher zu sein und aus alten Fehlern zu lernen: Sie können sich dabei an folgender Frageliste orientieren:

Wie weit sind Sie gekommen?

_____

_____

Was hätte noch erfolgen müssen, damit das Ziel erreicht worden wäre?

_____

_____

Woran hat es gelegen, dass Sie das Ziel nicht erreicht haben?
_____
_____

War Ihre Zeiteinschätzung realistisch?
_____
_____

War überhaupt die Zielsetzung realistisch?
_____
_____

War Ihr Ziel für Sie wirklich attraktiv? Oder haben Sie das Ziel nur gesetzt, weil man es von Ihnen erwartet hat, obwohl Sie selbst nie hinter dem Ziel standen?
_____
_____

Haben sich Gegebenheiten geändert, die Sie vorher nicht einschätzen konnten? Haben Sie sich bzw. hat sich Ihre Einstellung geändert?
_____
_____

Wollen Sie dieses Ziel überhaupt noch erreichen? Wenn ja: Was müssen Sie tun, um es bei einem zweiten Anlauf besser zu machen?
_____
_____

Gibt es Unterstützer, die Ihnen unter die Arme greifen oder Sie motivieren können? Wer könnte das sein?
_____
_____

Häufig werden Ziele ja nicht total verfehlt, sondern nur zum Teil nicht erreicht. Daher stellt sich die Frage: Sind Nachbesserungen möglich? Was können Sie tun, um genau dahin zu kommen, wohin Sie eigentlich wollten? Gibt es Vorbilder, die es geschafft haben? Was haben die anders gemacht?

Die Antworten auf diese Fragen können sehr aufschlussreich sein und gute Hinweise geben, woran bei neuen Zielen zu denken ist, wie diese auf effektive und effiziente Weise zu erreichen sind, um die eigene Zeit sinnvoll zu nutzen – was wir im Leben nicht immer so machen, wie folgende Übung verdeutlicht.

Was glauben Sie, wie viel Zeit verbringt ein Mensch von 74 Jahren im Schnitt mit unten aufgeführten Tätigkeiten?

Übung: Zeit einschätzen

Dauer: ca. 10 Minuten
Was Sie benötigen: Stift
Gruppengröße: allein
So geht's: Tragen Sie in die rechte Spalte ein, wie viele Jahre bzw. Monate wir mit den einzelnen Tätigkeiten im ganzen Leben nach Ihren Schätzungen beschäftigt sind.

Tätigkeit	Geschätzte Zeit
Schlafen	
Fernsehen	
Arbeit	
Essen	
Hausarbeit	
Krank sein	
Schule	
Bücher lesen	
Schlüssel suchen	
Sex	
Sport	

Auflösung auf Seite 211.

Na, haben Sie richtig getippt? (Vergleichen Sie Ihre Angaben mit den Ergebnissen auf Seite 211.)

Ich wette, bei dem einen oder anderen Punkt haben Sie danebengelegen. In den Seminaren sind die Teilnehmerinnen und Teilnehmer jedenfalls an manchen Stellen immer sehr verwundert, wie viel oder wie wenig Lebens-Zeit mit bestimmten Dingen verbacht wird. Natürlich sind diese Angaben nur Durchschnittswerte, aber nichtsdestotrotz können Sie doch sehr nachdenklich machen, finden Sie nicht?

Zumindest sind diese Zahlen bestimmt Motivation genug, die Zeit nicht mehr mit Unnützem zu verplempern und sich mehr dem zu widmen, was wirklich wichtig ist...

Sie sind immer noch nicht überzeugt? Gut, Sie haben es nicht anders gewollt! Dann muss ich wohl zu härteren Maßnahmen greifen:

Übung: Lebenszeit

Dauer: ca. 5 Minuten bis lebenslang
Was Sie benötigen: Stift, Maßband/Zollstock
Gruppengröße: allein
So geht's: Nehmen Sie einen Zollstock oder ein Maßband aus Papier (Baumarkt oder Möbelhaus) zur Hand. Verkürzen Sie das Maßband bzw. den Zollstock als Frau bei ungefähr 80 Jahren (= Zentimetern), als Mann bei 74 Jahren (= Zentimetern). Das entspricht etwa Ihrem statistischen Verfallsdatum... Nun markieren Sie bitte die Zahl, die Ihrem jetzigen Alter entspricht. Links von der Markierung sehen Sie nun die Spanne, die hinter Ihnen liegt, Ihre Vergangenheit, rechts davon Ihre Zukunft. Wie viele Jahre haben Sie noch? Wie wollen Sie die verbringen? Welche Ziele haben Sie noch vor Augen? Wäre doch schade, sie einfach so dahingehen zu lassen und nicht zu dem gekommen zu sein, was Sie eigentlich vorgehabt haben, oder? Lassen Sie das Ganze auf sich wirken.

Oder um es abschließend mit Erich Kästner auf den Punkt zu bringen:

»Denkt an das 5. Gebot,
schlagt Eure Zeit nicht tot!«

Die wichtigsten Tipps für das Zeit- und Selbstmanagement-Training

- Zeit- und Selbstmanagement verhilft dazu, Termindruck abzubauen, mehr Freiraum für persönliche Ziele zu schaffen und mehr Lebensqualität zu erreichen.
- Wer sein Zeit- und Selbstmanagement optimieren will, muss bereit sein, grundlegend über den persönlichen Umgang mit der Zeit nachzudenken und von alten, schlechten Gewohnheiten Abstand zu nehmen.
- Sie sollten mit einer Bestandsaufnahme beginnen und ein Zeitprotokoll anfertigen, um sich dann Ziele setzen zu können.
- Ziele brauchen AROMA – sie müssen aussagefähig, realistisch, objektiv überprüfbar, messbar und attraktiv sein.
- Um die Übersicht zu behalten und strukturiert vorzugehen, sollten Sie unbedingt planen.
- Verfallen Sie nicht dem Hang zur Überplanung. Richten Sie Zeitpuffer ein.
- Machen Sie die schlimmsten Zeitdiebe dingfest.
- Handeln Sie nach der Devise: First things first!
- Unterscheiden Sie zwischen wichtigen und dringenden Aufgaben.
- Überprüfen Sie immer wieder Ihre Energiebilanz. Welcher Lebensbereich spendet, welcher frisst Energie?
- Kontrollieren Sie regelmäßig Ihr Zeit- und Selbstmanagement und vergleichen Sie Ihre Zielsetzung und mit der Zielerreichung.

Entspannung, Erfrischung, Energie – gelassen ans Ziel kommen

Ein Leben ohne Stress – wie schön! Immer entspannt, immer locker, immer voller Energie. Wäre das wirklich so erstrebenswert? Das ist die Frage. Denn Stress hat auch seine positiven Seiten. Er kann uns durchaus anspornen, zu Höchstleistungen bringen.

Wir brauchen Stress

Die Stressforschung hat sogar herausgefunden, dass ein Leben ohne Stress richtig krank macht. Stress in Maßen ist eine Art Lebenselexier. Wir brauchen ihn, um alle körperlichen, geistigen und seelischen Funktionen, das Zusammenspiel der Zellen aller Organe aufrechtzuerhalten.[42]

Wenn wir über Stress stöhnen, dann ist die negative Form, der Disstress, gemeint, bei dem wir uns überfordert fühlen, der als belastend empfunden wird. Aufgaben, die Disstress auslösen, möchten wir am liebsten vermeiden, oft haben wir das Gefühl, hilflos einer Situation ausgeliefert zu sein.

Beim positiven Eustress hingegen sieht es ganz anders aus. Man erlebt eine Situation nicht als beängstigend, sondern eher als herausfordernd. Man ist von sich überzeugt und davon, die Sache zu meistern. Der Glaube an den eigenen Erfolg ist groß.

Umgang mit Stress

Normalerweise kann der Körper auch mit Disstress ganz gut umgehen – vorausgesetzt, es handelt sich um eine vorübergehende Erscheinung, wie folgende Abbildung zeigt:

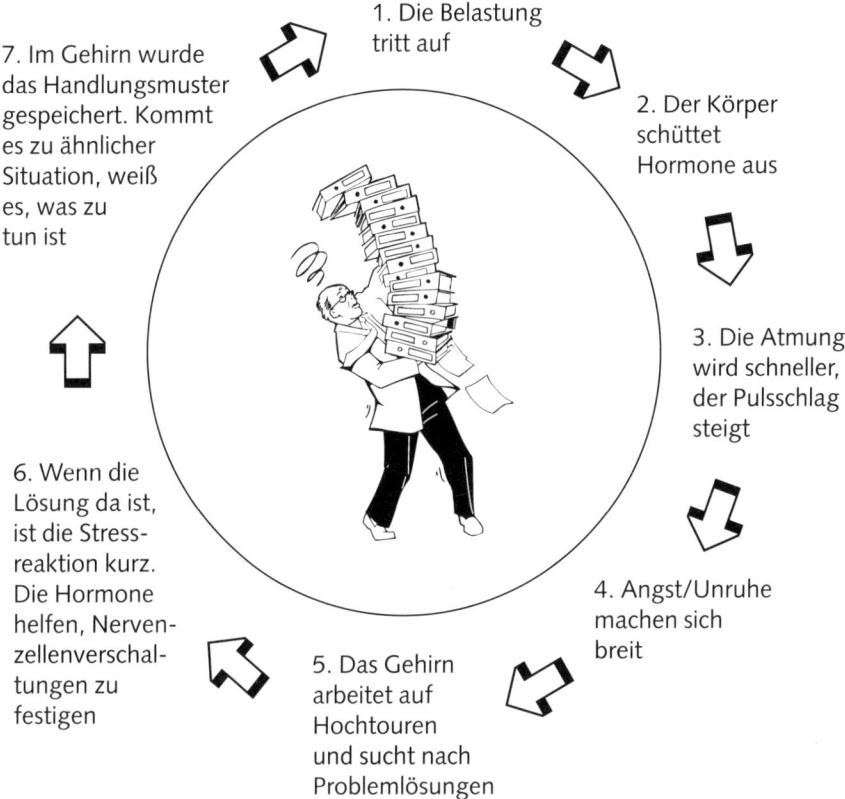

1. Die Belastung tritt auf
2. Der Körper schüttet Hormone aus
3. Die Atmung wird schneller, der Pulsschlag steigt
4. Angst/Unruhe machen sich breit
5. Das Gehirn arbeitet auf Hochtouren und sucht nach Problemlösungen
6. Wenn die Lösung da ist, ist die Stressreaktion kurz. Die Hormone helfen, Nervenzellenverschaltungen zu festigen
7. Im Gehirn wurde das Handlungsmuster gespeichert. Kommt es zu ähnlicher Situation, weiß es, was zu tun ist

Wenn ein Stressor wirkt, dann steigt die Alarmbereitschaft des Körpers. Er ist entweder zur Flucht oder zum Angriff bereit – ein Relikt aus Urzeiten. Sobald also Gefahr droht, wird automatisch eine Kettenreaktion in Gang gesetzt, bei der Gehirn und Nervensystem eng zusammenarbeiten. Der Organismus stellt Energie bereit, damit der Mensch reagieren kann. Adrenalin und Noradrenalin werden verstärkt produziert mit der Folge, dass der Blutdruck steigt, die Muskeln besser durchblutet werden, außerdem stellt der Körper

Fettreserven und Zucker bereit. Wir sind nun in der Lage, optimal auf den Stressor zu reagieren.

Wenn Stress nur ein kurzfristiger Zustand ist, schadet er unserem Körper nicht. Lässt die Gefahr nach, gehen auch die Stressreaktionen des Körpers wieder zurück.

Chronischer Stress

Gefährlich wird es allerdings, wenn Belastung chronisch ist, das heißt, wenn es zu keinen Entspannungsphasen mehr kommt. Der Adreanlin- und Noradrenalinspiegel bleibt hoch, was wiederum Unruhe, Schlafstörungen, Nervosität verursachen kann.

Dauerstress kann aggressiv oder depressiv machen, Ängste hervorrufen und körperliche Krankheiten. Kopfschmerzen, Rückenschmerzen, Magengeschwüre, Herz-Kreislauf-Erkrankungen und Krebs können die Folge sein.

Dauerstress hat häufig auch zur Folge, dass man sich schwer entscheidet, alles als Last empfunden wird. Selbst Kleinigkeiten reichen aus, um zu explodieren. Man ist nicht mehr so leistungsfähig, kann die Arbeit nicht mehr richtig bewältigen. Das wiederum führt dazu, dass es schwer fällt, richtig zu entspannen oder sich auszuruhen. Immer ist man in Gedanken bei der Arbeit, was man noch alles tun muss..., man ist gefangen in der Stressspirale.

»*Disstress vermeiden, Eustress erreichen*« ist eine Formel aus der Wellnessbewegung, die Sie sich zu eigen machen sollten.

Wenn Sie Ihr Potenzial ausschöpfen wollen, wenn Sie voller Selbstvertrauen, kommunikativ, schlagfertig, top in Präsentationen, kreativ, konzentriert und mit einem gut durchdachten Zeit- und Selbstmanagement überzeugen wollen, dann sollten Sie alles tun, um den negativen Stress so weit wie möglich zu reduzieren. Denn er blockiert den Energiefluss und wirkt sich damit auch negativ auf Ihre Schlüsselkompetenzen aus.

Im Folgenden stelle ich Ihnen verschiedene Übungen vor, die Ihnen zeigen, wie Sie
- sich Entspannung verschaffen und trotz hoher Anforderungen Gelassenheit wieder zurückgewinnen,
- sich selbst Energieschübe versetzen, um auch morgen noch kraftvoll durchstarten zu können,
- sich selber zum Lachen bringen. Schließlich ist Lachen noch immer die beste Medizin.

Entspannungsübungen

Richtiges Atmen

Stress, Termindruck und Hektik – das sind wahrscheinlich die auch Ihnen bekannten Phänomene des Arbeitsalltags. Alle wollen etwas, diverse Aufgaben liegen auf dem Schreibtisch und warten auf Erledigung, alles wächst einem über den Kopf – höchste Zeit, einen Gang zurückzuschalten, um wieder Kraft und Energie zu tanken und besser mit den Anforderungen zurechtzukommen. Um das zu schaffen, ist vor allem richtiges Atmen wichtig. Sie fragen jetzt vielleicht: »Wie? Richtiges Atmen? Wusste gar nicht, dass man dabei auch etwas falsch machen kann.« Doch die Atmung ist wesentlich für unser Wohlbefinden. Experten sind sich einig: »Ein bewusster Atem hilft, Ihren Alltag mit mehr Konzentration, Energie und Lebensfreude zu bewältigen. Denn Stress und Hektik im Alltag bewirken eine Beschleunigung und Abflachung des Atems.«[43]

Übung: Lunge belüften / Nasenschleimhaut befeuchten

Dauer: ca. 3 bis 4 Minuten
Was Sie benötigen: –
Gruppengröße: allein
So geht's: • Um die Durchblutung und Belüftung von Lunge und Bronchien zu verbessern, sollten Sie zunächst mit lockeren Fäusten von allen Seiten auf Ihren Brustkorb klopfen. Summen Sie dazu laut A ... E ... I ... O ... U ...
• Nun geht es darum, die Schleimhaut der Nase zu befeuchten. Halten Sie mit einer Hand ein Nasenloch zu, während Sie die andere Nasenhälfte mit einem Finger leicht klopfen – und bitte dabei summen.

Die folgenden beiden Übungen helfen Ihnen, um in einer kurzen Pause einmal schnell abzuschalten, sich zu erholen und zu entspannen.

Übung: Entspannungs-Atmen

Dauer: ca. 8 bis 10 Minuten
Was Sie benötigen: bequemen Stuhl
Gruppengröße: allein
So geht's:
- Suchen Sie sich eine bequeme Sitzgelegenheit, setzen Sie sich aufrecht mit lockeren Schultern hin. Verschließen Sie nun mit dem Daumen der rechten Hand das rechte Nasenloch und atmen Sie über das linke Nasenloch ein. Schließen Sie dann mit dem Zeigefinger das linke Nasenloch und atmen Sie über das rechte wieder aus usw. Diese Übung sollten Sie ungefähr 5 Minuten machen. Denken Sie daran, möglichst langsam zu atmen.
- Stellen Sie sich hin und halten Sie Ihre Arme neben den Körper. Nun heben Sie die Arme langsam bis auf Brusthöhe an. Atmen Sie kräftig durch die Nase ein und führen dabei die Arme weit auseinander. Denken Sie sich dabei folgende Formel: »Die Lunge öffnet sich, wird groß und nimmt viel Sauerstoff und frische Luft auf.« Nun atmen sie langsam durch den Mund aus und führen dabei die Arme wieder langsam nach vorn. Auch hier gibt es eine Formel, an die Sie dabei denken sollten: »Die verbrauchte Luft und alles Negative strömt mit der ausgeatmeten Luft aus dem Körper.« Diese Übung bitte fünf- bis sechsmal wiederholen.[44]

Sie und Ihre Kollegen können die Überstunden schon nicht mehr zählen? Alle sind müde, ausgelaugt und trotzdem liegt noch ein ganzer Berg an Arbeit vor Ihnen? Dann tun Sie sich gegenseitig etwas Gutes. Ein paar Minuten reichen aus, um sich besser zu fühlen.

Übung: Gruppenmassage

Dauer: ca. 10 Minuten
Was Sie benötigen: –
Gruppengröße: mindestens 3 Leute, besser 5 bis 6
So geht's: Alle stellen sich hin und bilden einen Kreis und drehen sich dann um 90 Grad nach links um. Jeder legt die Hände auf die Schulter der oder des vor ihm Stehenden. Und nun massieren Sie sich gegenseitig die Nackenmuskulatur. Nach drei, vier Minuten drehen sich alle zur anderen Seite und massieren weiter.

PS: Diese Übung bekommt nicht nur Ihrer Nackenmuskulatur, sondern auch dem kollegialen Miteinander ganz gut.

☞ **Tipp**

Wann haben Sie sich zuletzt so richtig geärgert? Oder kocht das Blut noch immer? Dann habe ich eine schnelle Entspannungshilfe für Sie: Nehmen Sie ein Glas, füllen Sie es bis oben hin mit Leitungswasser oder stillem Wasser und trinken Sie es so schnell wie möglich aus – natürlich ohne sich zu verschlucken. Sie werden sehen, Sie fühlen sich schon besser. Des Rätsels Lösung: das Schlucken entspannt, man wird innerlich ruhiger.

Sich erden

Manchmal weiß man nicht mehr, wo hinten und vorne ist, man hetzt von einer Sache zur nächsten, versucht mehrere Aufgaben gleichzeitig zu bewältigen, ist unkonzentriert und richtig fahrig. Um wieder zu sich zu finden, sich zu zentrieren, ist folgende Übung gedacht, die sich »Ich bin ein Baum« nennt. Ziel ist es, mit Hilfe dieser Übung wieder wie ein Baum fest verwurzelt, in sich ruhend und »den Winden« trotzend dazustehen.

✐ Übung: Die innere Mitte finden

Dauer: ca. 10 Minuten
Was Sie benötigen: absolute Ruhe
Gruppengröße: allein
So geht's: Wenn Sie die Möglichkeit haben, auf einer Wiese zu üben – optimal. Wenn es nur der Büroraum ist, geht's aber auch. Schließen Sie die Tür ab, um absolute Ruhe zu haben. Ziehen Sie die Schuhe aus, und suchen Sie sich einen guten Platz. Stellen Sie sich ein wenig breitbeinig hin, so weit, bis Sie festen Stand haben. Nun schließen Sie die Augen und stellen sich einen großen, kräftigen Baum mit saftigen grünen Blättern vor. Atmen Sie ruhig ein und aus. Konzentrieren Sie sich auf das Atmen.

Stellen Sie sich vor, wie sich von Ihren Fußsohlen bis zum Steißbein langsam Wurzeln bilden. Diese Wurzeln sind stark, sie sind so stark, dass sie Sie halten. Sie geben Ihnen Sicherheit. Ihr Oberkörper bleibt dabei ganz locker und beweglich. So kann Sie nichts aus dem Gleichgewicht bringen. Sie sind sehr stabil. Selbst ein kräftiger Sturm kann Ihnen nichts anhaben.

Spüren Sie, wie sich das Wurzelwerk immer weiter ausbreitet. Die Beine werden schwer, die Beine stehen ganz fest auf dem Boden. Spüren Sie, wie die Energie aus dem Boden in Ihren Körper fließt. Genießen Sie dieses Gefühl. Und denken Sie daran: Der Oberkörper bleibt locker und beweglich.

Nun bilden sich an Ihrem Oberkörper Äste. Sie entstehen aus dem Wurzelwerk, welches unter der Erde ist. Lassen Sie beides gleichmäßig wachsen. Nun verzweigen sich die Äste. Und an den Ästen wachsen Blätter. Der Wind wiegt Sie sanft hin und her. Die Blätter reichen bis zu Ihrem Becken und sie beschützen Sie vor unangenehmen Einflüssen.

Atmen Sie weiter langsam tief ein und aus – spüren Sie, wie Sie über die Blätter Luft einatmen. Mit den Blättern und den Wurzeln nehmen Sie neue Energie und Kraft auf. Durch die Wurzeln können Sie auch alles ableiten, was Sie stört und Ihnen nicht gut tut.

Sie stehen nun wie ein schöner, kräftiger Baum im Wald fest in Ihrem Leben. Sie sind ruhig und gelassen. Nichts kann Sie aus dem Gleichgewicht bringen.

☞ **Tipp**

Sie selbst oder ein Freund mit einer angenehmen Stimme kann diesen Text aufs Band sprechen, dann können Sie – gerade am Anfang – leichter den Einstieg in diese Übung finden, indem Sie sich das Band dazu anhören. Die ruhige Stimme hat einen weiteren entspannenden Effekt.

Muskelentspannung nach Jacobsen

Die »Progressive Muskelrelaxation« (= fortschreitende, zunehmende Entspannung), die in den 30er Jahren von dem amerikanischen Arzt Edmund Jacobsen entwickelt wurde, basiert auf dem Wechselspiel von An- und Entspannung.

Bei der Anspannung wird das Blut aus den Gefäßen gepresst. Bei der Entspannung kommt es zu einer Gefäßerweiterung. Dadurch füllen sich die Gefäße mit mehr Blut und es entsteht ein Gefühl der Schwere. Der bzw. die Übende hat wegen des warmen Blutes ein entspanntes, lockeres Gefühl. Durch die Entspannung wiederum werden Botenstoffe freigesetzt, die die Adrenalin-Produktion vermindern. Im ganzen Körper macht sich Entspannung breit.

Die Progressive Muskelrelaxation ist vielfach einsetzbar. Sie hilft bei:

- spannungsbedingten Beschwerden wie Rücken-, Schulter-, Kopfschmerzen (vorbeugend und behandelnd).
- psychischen Spannungszuständen wie Nervosität, innere Unruhe, Gereiztheit.

- Schmerzzuständen jeder Art. Verkrampfungen und Abwehrspannungen lösen sich durch die Entspannung und lindern so den Schmerz.
- Ängsten, so dass man z. B. besser mit Lampenfieber umgehen kann.

Es gibt also genügend Gründe, sich mit dieser Methode vertraut zu machen. Noch dazu ist es ein recht unkompliziertes Verfahren:

- Anders als bei anderen Entspannungstechniken sind hier keine mentalen Vorstellungen und keine Vorübungen notwendig.
- Die progressive Muskelentspannung hat eine ähnlich erholsame Wirkung wie ein tiefer Schlaf.
- Die progressive Muskelentspannung lässt sich quasi überall anwenden. Und wenn die Zeit ganz knapp ist, kann man sie auch partiell einsetzen, das heißt, sich z. B. nur auf besonders verspannte Körperpartien konzentrieren.
- Progressive Muskelentspannung bringt schnell Erfolge, denn die tiefe körperliche Entspannung spürt man sofort, was wiederum die Motivation erhöht.

Sind Sie neugierig geworden? Dann lassen Sie uns beginnen.

Übung: Progressive Muskelentspannung

Dauer: ca. 10 Minuten
Was Sie benötigen: Bett, Matte oder bequeme Sitzgelegenheit
Gruppengröße: allein
So geht's: Beengende Kleidungsstücke sollten Sie öffnen, und falls Sie eine Brille tragen, diese bitte abnehmen. Die Augen sind während der gesamten Übungszeit geschlossen. Denken Sie an die Bauchatmung, das heißt, beim Einatmen wird der Bauch dicker, beim Ausatmen wieder flacher. Versuchen Sie, ganz ruhig zu werden. Apropos Atmung: Während der Anspannung neigt man manchmal dazu, auch den Atem anzuhalten. Achten Sie darauf, dass Sie auch in der Anspannungsphase weiteratmen, damit es nicht zu Atempressungen kommt! Sie können die Übung übrigens im Liegen oder Sitzen machen.

Falls Sie also im Büro zwischendurch entspannen wollen, setzen Sie sich bequem hin und schließen Sie die Augen. Lassen Sie Ihre Muskeln ganz locker, atmen Sie ruhig und tief durch die Nase ein und durch den Mund aus (viermal wiederholen). Atmen Sie dann normal weiter.

Nacken

Wir beginnen mit der Nackenpartie: Ziehen Sie die Schultern hoch – bis zu Ihren Ohren und etwas nach hinten. Spüren Sie, wie sich die Anspannung im Nacken und den Schulterblättern ausbreitet. Halten Sie die Spannung etwa 4 Sekunden. Und bitte weiteratmen!

Jetzt die Schultern und den Nacken wieder entspannen. Atmen Sie ruhig ein und aus. Genießen Sie das angenehm entspannende Gefühl. Nach jedem Ausatmen fühlen Sie sich besser. (Wiederholen Sie diese Übung noch einmal.)

Hände

Ballen Sie nun Ihre dominante Hand zur Faust, ja, noch fester. Drücken Sie so fest, dass Sie die Spannung bis in den Oberarm spüren (ca. 4 Sekunden). Jetzt öffnen Sie wieder langsam die Faust, spreizen die Finger und entspannen. Beobachten Sie, wie die Spannung aus dem Arm wieder hinausfließt. Denken Sie daran, ruhig ein- und auszuatmen. (Wiederholen Sie diese Übung.)

Nun machen Sie dasselbe mit der anderen Hand. Fest drücken (ca. 4 Sekunden)! Öffnen Sie langsam die Faust, und entspannen Sie die Finger. Fühlen Sie, wie die Spannung aus dem Arm entweicht. Atmen Sie ruhig ein und aus (und wiederholen Sie diese Übung).

Jetzt ballen Sie mit beiden Hände Fäuste und pressen so kräftig, dass Sie den Druck bis in die Oberarme spüren (ca. 4 Sekunden).

Anschließend öffnen Sie langsam wieder die Fäuste, entspannen Finger und Arme und spüren, wie die Spannung aus den Armen entweicht. Nicht vergessen: ruhig ein- und ausatmen. (Auch diese Übung bitte wiederholen.)

Arme

Beugen Sie den Ellenboden Ihres dominanten Arms, spannen Sie den Bizeps. Halten Sie die Spannung und spüren Sie ihr nach (ca. 4 Sekunden). Und entspannen Sie wieder. Genießen Sie das angenehme Gefühl. Atmen Sie dabei ruhig ein und aus. (Wiederholen Sie diese Übung.)

Nun machen Sie dieselbe Übung mit dem anderen Arm. Spüren Sie die Anspannung (ca. 4 Sekunden) und entspannen Sie wieder mit ruhigem Ein- und Ausatmen. (Bitte wiederholen.)

Spannen Sie beiden Arme gemeinsam an. Spüren Sie den Druck (ca. 4 Sekunden) und lassen Sie wieder locker, entspannen Sie, atmen Sie ruhig ein und aus. (Bitte wiederholen.)

Beine
Heben Sie Ihr dominantes Bein leicht an und spannen Sie die Muskulatur des Oberschenkels an (ca. 4 Sekunden).
Lassen Sie beim Ausatmen das Bein locker. Spüren Sie das angenehme Entspannungsgefühl. Atmen Sie ruhig ein und aus. Sie merken jetzt deutlich den Unterschied zwischen An- und Entspannung. Ihre innere Ruhe breitet sich immer weiter aus. (Übung bitte wiederholen.)
Spannen Sie nun die Wade des dominanten Beines an. Winkeln Sie dazu Ihren Fuß an und ziehen Sie Ihre Zehenspitzen nach vorne. Vorsicht: Übertreiben Sie es nicht, sonst kommt es zu einer Muskelverkrampfung (ca. 4 Sekunden).
Lassen Sie nun wieder locker und entspannen Sie sich, indem Sie ruhig ein- und ausatmen. Versuchen Sie, die Muskeln nicht mehr zu kontrollieren. Spüren Sie den Unterschied zwischen der Anspannung vorher und dem angenehmen Zustand jetzt. (Nun bitte die Übung wiederholen.)
Krallen Sie nun die Zehen ein und drücken die Zehenspitzen fest auf den Boden. Heben Sie die Ferse an. Halten Sie die Spannung und spüren Sie, wie das Spannungsgefühl sich immer weiter ausbreitet (ca. 4 Sekunden). Lassen Sie wieder locker, nehmen Sie bewusst den Unterschied zwischen An- und Entspannung wahr und atmen Sie wieder ruhig ein und aus. (Bitte wiederholen.)
Nun machen Sie die letzten drei Übungen mit dem anderen Bein. Denken Sie daran, auch während der Anspannung nicht das Atmen zu vergessen.

Bauch
Jetzt sind wir in der Bauchregion angelangt. Spannen Sie Ihre Bauchmuskeln an, indem Sie den Bauch einziehen. Atmen Sie dabei leicht weiter (ca. 4 Sekunden).
Lassen Sie nun locker und entspannen Sie sich wieder. Spüren Sie, wie Entspannung und Ruhe sich immer weiter ausbreiten. Sie entspannen immer mehr. (Bitte wiederholen).

Unterer Rücken
Es folgt die Anspannung Ihres Pos. Halten Sie die Spannung und spüren Sie ihr nach bis in den Bauch und die Schenkel (ca. 4 Sekunden).
Nun lassen Sie wieder locker, atmen ruhig ein und aus. Versuchen Sie die Muskeln nicht mehr zu kontrollieren. Spüren Sie den Unterschied zwischen der Anspannung vorher und der Entspannung, die sich nun allmählich einstellt. (Übung wiederholen.)

Gesicht

Wir kommen nun zu den Gesichtsmuskeln. Spannen Sie Ihre Gesichtsmuskeln an, indem Sie Ihre Stirn runzeln. Spüren Sie, wie die Spannung sich bis in die Schläfen und die Kopfhaut ausbreitet. Halten Sie die Spannung (ca. 4 Sekunden).

Nun entspannen Sie die Stirn. Nehmen Sie bewusst das angenehme Gefühl wahr. Atmen Sie dabei ruhig ein und aus (und bitte wiederholen).

Nun kneifen Sie die Augen fest zusammen, ganz fest (ca. 4 Sekunden).

Lassen Sie wieder locker, die Augen bleiben geschlossen, und genießen Sie, dass Sie jetzt immer entspannter und ruhiger werden. Atmen Sie ein und aus. (Übung bitte wiederholen.)

Als Nächstes ist die Nase dran. Rümpfen Sie kräftig die Nase, so stark Sie können (ca. 4 Sekunden).

Jetzt wieder entspannen. Herrlich, wieder frei durch die Nase einatmen zu können! Wiederholen.

Spitzen Sie als Nächstes die Lippen und pressen Sie sie fest aufeinander und fühlen Sie die Spannung im Kiefer (ca. 4 Sekunden).

Lassen Sie nun die Lippen wieder locker, Ihr Mund wird ganz weich. Spüren Sie den Unterschied zwischen der Anspannung vorher und der Entspannung, die sich nun allmählich einstellt. (Bitte wiederholen.)

Spannen Sie die Muskeln im Kiefer- und Wangenbereich an. Tun Sie so, als wollten Sie mit fast geschlossenen Lippen gähnen. Halten Sie die Spannung (ca. 4 Sekunden).

Lösen Sie die Spannung und atmen Sie ruhig ein und aus. (Bitte wiederholen.)

Sie spüren jetzt ein angenehmes Gefühl von Weichheit und Wärme, das sich mit der Entspannung in Ihrem Körper ausbreitet. Alle Muskeln sind ganz locker und entspannt. Genießen Sie noch einen Augenblick dieses angenehme Gefühl von Entspannung in Ihrem ganzen Körper (ca. 30 Sekunden).

Jetzt ist es Zeit, wieder an den Arbeitsplatz oder wohin auch immer zurückzukehren. Recken, räkeln und strecken Sie sich und öffnen Sie wieder die Augen.

☞ **Tipp**

Sie sollten immer die gleiche Reihenfolge der Muskelanspannungen einhalten: Nacken, Hände und Arme, Beine und Bauch, unterer Rücken, Gesicht. Die Progressive Muskelentspannung muss regelmäßig geübt werden – nur so erreichen Sie einen langfristigen Erfolg, das heißt, die regelmäßige körperliche Entspannung führt zu einer langfristigen Gelassenheit. Hinzu kommt, dass regelmäßiges Entspannen das Selbstbewusstsein wachsen lässt. Sie nehmen Ihren Körper intensiv wahr und erkennen damit Verspannungen frühzeitig.

Energie tanken

Munter werden

Kennen Sie das auch? Sie liegen morgens in Ihrem Bett, sind noch ganz verschlafen und es fällt Ihnen schwer, »in die Gänge zu kommen«. Das ist verständlich: Schließlich muss der Körper erst wieder in Schwung gebracht werden. Nachts sind Blutdruck und Puls abgesunken. Was also tun? Schauen Sie sich einmal an, wie es Hunde und Katzen machen. Sie strecken, recken und dehnen sich ordentlich. Beginnen also auch Sie den Tag am besten mit einem Stretching-Programm.

Übung: In die Gänge kommen

Dauer: ca. 5 Minuten
Was Sie benötigen: Bett
Gruppengröße: allein
So geht's:
- Legen Sie sich auf den Rücken und winkeln Sie das rechte Bein an. Ziehen Sie mit der rechten Hand den Oberschenkel bis zum Bauch. Lassen Sie dabei den rechten Fuß kreisen. Die linke Hand zur Faust ballen und danach öffnen und schließen. Das Ganze sollte ungefähr 15 Sekunden dauern. Wiederholen Sie diese Übung noch zweimal, um dann dasselbe mit der linken Seite zu machen.
- Nun ziehen Sie die Beine an, die Füße sollten auf der Matratze stehen. Strecken Sie die Arme und kreuzen Sie sie über dem Kopf. Wichtig ist, dass Sie die Handflächen zusammendrücken und die Knie zur Seite sinken lassen, erst nach rechts, dann nach links, auch diese Übung zweimal wiederholen.
- Bleiben Sie auf dem Rücken liegen, strecken Sie die Beine nach oben und beginnen Sie nun, in der Luft zu radeln (Dauer ca. 1 bis 2 Minuten).

- Setzen Sie sich hin und strecken die Arme nach vorne, die Handflächen berühren einander. Drehen Sie die Handflächen nach außen und ziehen Sie mit den Armen wie beim Brustschwimmen einen großen Kreis nach hinten. Nun ziehen Sie die Arme wieder vor die Brust und wiederholen die Übung – insgesamt achtmal.
- Stellen Sie sich locker auf den Boden. Die Füße stehen parallel und etwa hüftbreit voneinander entfernt. Die Knie sind leicht gebeugt. Nun beginnen Sie leicht aus den Fußgelenken zu federn, wobei Sie die Fersen vom Boden heben. Achten Sie darauf, dass die Fersen beim Senken den Boden sanft berühren.

Starren Sie den ganzen Tag auf den Bildschirm? Dann haben Sie vielleicht müde, manchmal sogar brennende Augen. Dagegen lässt sich mithilfe der Augen-Übung etwas tun.

Übung: Belebung für die Augen

Dauer: ca. 1 Minute
Was Sie benötigen: Ruhe
Gruppengröße: allein
So geht's: Wichtig ist zunächst ein ruhiger und bequemer Platz. Drehen Sie Ihrem Computer den Rücken zu. Und nun schauen Sie sich im Zimmer um. Suchen Sie sich irgendeinen Gegenstand im Raum aus, zum Beispiel eine Vase, Lampe oder Tasse. Richten Sie Ihren Blick auf den gewählten Gegenstand. Schauen Sie ihn an, aber bitte nicht starren! Blicken Sie nur diesen Gegenstand an, während Sie im Geiste langsam bis 30 zählen. Atmen Sie dabei ruhig ein und aus. Anschließend nehmen Sie den Blick von dem ausgewählten Gegenstand, blinzeln ein paarmal, kneifen die Augen zu und öffnen sie wieder. Spüren Sie, wie entspannt und wach die Augen wieder sind?

Tankstellen

Wo holen Sie sich neue Kraft, wo tanken Sie auf, was hilft Ihnen, in schweren Zeiten wieder ins Lot zu kommen. Welche »Tankstellen« können Sie im Fall der Fälle anzapfen?

Hier eine Übung, die Ihnen Tipps gibt, wie Sie Ihren Tank wieder füllen.

Übung: Auftanken

Dauer: ca. 15 Minuten
Was Sie benötigen: Stift
Gruppengröße: allein
Empfohlen von: Klaus Vollrath, Wirtschaftsingenieur und Geschäftsfeldmanager, Berlin

> Klaus Vollrath, 61, Wirtschaftsingenieur, Geschäftsfeldmanager »Organisationsentwicklung«, Berater und Trainer bei der PSI AG, Berlin, Ausbildung in Organisationsentwicklung in Deutschland und USA, verheiratet, 2 Söhne, neugierig, engagiert in Fragen persönlicher und sozialer/organisatorischer Entwicklung. Fachliche Schwerpunkte: Projektleitung, Führung/Management, Training, Beratung und Coaching, Konzeption und Durchführung von Personal- und Organisationsentwicklungsmaßnahmen.
>
> Klaus Vollrath legt in seinen Veranstaltungen viel Wert darauf, Gelegenheit zur Reflexion zu schaffen: »Ich hasse ›Monokulturen‹; darum ist für den Lernerfolg ein Mix aus verschiedenen Medien, Methoden und Interventionen entscheidend. Spielerische Elemente fördern den Lernerfolg. Themenorientierte Lernpartnerschaften lohnt es sich zu fördern. Gute Anregungen und Lösungsansätze sollten dokumentiert werden.«

So geht's: Schauen Sie sich folgende Beispiele von »Tankstellen« an. Sind diese mit Ihren identisch? Gibt es bei Ihnen weitere? Dann setzen Sie die Liste fort. Also: Haben Sie ein gut ausgebautes »Versorgungsnetz« und für sich ausreichend »Anlaufstellen« z. B. zum/für...

- ... *Aufbauen, wenn Sie down sind,*
- ... *Quatschen,*
- ... *»Abladen« von Problemen,*
- ... *Loslösen von Ärger,*
- ... *fachliche Auseinandersetzung,*
- ... *Beratung,*
- ... *miteinander konstruktiv streiten können,*
- ... *Selbstbestätigung,*
- ... *ausreichend Zeit für Entspannung,*
- ... *Alleinsein,*

- ... Abgrenzung,
- ... Bewegung,
- ... gute Ernährung,
- ... Freunde,
- ... Entwicklung klarer persönlicher und beruflicher Ziele,
- ... Sex,
- ... gesundes Körperbewusstsein,
- ...
- ...
- ...
- ...

Sind die für Sie entscheidenden und wichtigsten »Tankstellen« in der Auflistung enthalten? Wenn nicht, vervollständigen Sie bitte als Erstes diese Liste nach Ihren eigenen Bedürfnissen und Erfahrungen.

Anschließend wird es konkret: Überlegen Sie bitte, über welches »Tankstellen-Netzwerk« Sie verfügen:

a) Im Betrieb / am Arbeitsplatz
– Zu welchen Menschen (Kollegen) gehen Sie aus welchem Anlass?

_____

– Zu welchen Menschen gehen Sie nicht?

_____

– Was tun Sie in bestimmten Situationen; was unterlassen Sie?

_____

b) Außerhalb Ihrer Arbeitszeit
– Zu welchen Menschen gehen Sie aus welchem Anlass?

_____

– Zu welchen Menschen gehen Sie nicht?

_____

– Was tun Sie in bestimmten Situationen; was unterlassen Sie?

_____

- Vielleicht lohnt es sich für Sie, einmal darüber nachzudenken, bei welchen Stressoren und Stresssituationen Sie (fast unbemerkt) auf regelmäßiges »Tanken« verzichten und damit »Ihren Tank leer fahren«; z. B. bis Sie krank werden.

- Gehen Sie noch einmal den Spuren nach:
  - Was war los vor meiner letzten Erkältung/Krankheit?

  _____

  - Was war vor dem letzten »Ausflippen«?

  _____

- Was lässt sich tun, um künftig stärker im Gleichgewicht (physisch und psychisch) zu bleiben?

  _____

Gönnen Sie sich ausreichend Zeit, um über die Fragen nachzudenken und sich ggf. Notizen zu machen.

(Mehr zum Thema Energie finden Sie auch im Kapitel *Zeit- und Selbstmanagement*, Seite 169 ff.)

Erfrischung suchen

Lachen belebt

Der Volksmund weiß: Lachen ist die beste Medizin. Trotzdem gewöhnen wir uns im Laufe des Lebens das Lachen fast ab. Während Kinder im Schnitt noch 400-mal am Tag lachen, sind es beim Durchschnittserwachsenen nur noch ungefähr 15- bis 20-mal. Schade. Denn es würde uns so gut tun.

Untersuchungen belegen, dass Lachen eine Wohltat für den Körper sein kann, weil es entspannt. Da dabei bis zu 80 Muskeln beteiligt sind, wirkt eine Minute Lachen wie 45 Minuten Entspannungstraining. Sogar die Verdauung kann es fördern, weil das sich beim Lachen intensiv bewegende Zwerchfell die inneren Organe gewissermaßen massiert. Es regt den Blutkreislauf an, senkt den Blutdruck und stärkt das Immunsystem.[45]

Last but not least werden beim Lachen Hormone ausgeschüttet, die schmerzunempfindlicher machen und die Stimmung positiv beeinflussen. Die gesundheitlichen Aspekte des Lachens macht man sich auch in vielen Kinderkliniken zunutze. Hier übernehmen Clowns einmal die Woche die Visite und helfen den kleinen Patienten, die Zeit im Krankenhaus besser zu bewältigen.

Auch die Wirtschaft entdeckt die Vorteile der guten Laune. Aus der Gelotologie (Lachforschung) hat sich eine regelrechte Bewegung entwickelt, für die sich die Personalentwicklungsabteilungen vieler Firmen interessieren. Immer mehr Unternehmen wie General Motors, Merrill-Lynch, AT&T, Pfizer, Sony, IBM, Citybank, Hewlett Packard schicken ihre Mitarbeiterinnen und Mitarbeiter zu Humorseminaren und -Workshops.[46]

Lachen als Motivationsdusche

Sich zu amüsieren, zu lachen, rumzualbern – das kann auch im grauen Arbeitsalltag eine echte Erfrischung und gute Motivationsdusche sein. Der Psychologe Steve Wilson, Mitglied der amerikanischen Vereinigung für therapeutischen Humor und der National Speakers Association, geht sogar so weit zu sagen: »Wird an Ihrem Arbeitsplatz nicht gelacht, kündigen Sie die Stelle!«[47]

Ob man gleich so weit gehen muss, bleibt jedem Einzelnen überlassen. Fakt ist mit Sicherheit, dass ein fröhliches Klima das Arbeiten erleichtert. Um mit Konfuzius zu sprechen: »*Wähle eine Beschäftigung, die du gern machst, und du musst nie wieder arbeiten.*«

Steve Wilson meint nicht, dass wir nun alle permanent Witze reißen und immer und überall den Clown spielen sollen, aber es habe sich gezeigt, dass Menschen sogar seltener krank werden, wenn am Arbeitsplatz gelacht wird. Wer regelmäßig lacht, so Wilson, fühlt sich gut und erfrischt, baut Hemmungen ab, stärkt sein Selbstbewusstsein. Die täglichen Lachübungen sollen sogar Beziehungen verbessern, Stress abbauen, zu mehr Leistung anstacheln und die Arbeitsproduktivität steigern.[48]

Gute Laune ist ansteckend

Dass das Lachen auch Beziehungen verbessert, kann man leicht nachvollziehen. Sicher haben auch Sie schon einmal die ansteckende Wirkung von Lachen bemerkt.

Machen Sie doch mal den Versuch. Laufen Sie freundlich lächelnd durch die Straßen oder die Flure Ihrer Firma, schauen Sie die Leute bewusst freundlich an – die meisten werden zurücklächeln. Gute Stimmung überträgt sich. Schlechte allerdings leider auch. Für mich beispielsweise ein Grund, morgens möglichst die U-Bahn zu meiden. Der Anblick der traurigen Gesichter ist nicht gerade aufbauend.

Wie ansteckend eine freundliche (oder auch missgelaunte) Mimik sein kann, wird an folgenden Übungen deutlich.

Übung: Gesichter betrachten

Dauer: ca. 5 Minuten
Was Sie benötigen: –
Gruppengröße: allein
So geht's: Schauen Sie sich die beiden Gesichter abwechselnd (ca. 2 bis 3 Minuten) an.

Wie geht es Ihnen dabei? Spüren Sie, dass Sie ganz unterschiedliche Gefühle entwickeln? Schauen Sie sich länger das rechte Gesicht an, beginnen Sie womöglich, ebenfalls die Mundwinkel nach unten hängen zu lassen? Man fühlt sich nicht wohl, stimmt's? Man empfindet ebenfalls eine gedrückte Stimmung. Ganz anders die Gefühle beim Betrachten des linken Gesichtes. Fühlen Sie sich auch besser, haben Sie positive Empfindungen? Spüren Sie, wie die gute Stimmung sich überträgt.[49]

Übung: Spiegellächeln

Dauer: ca. 1 Minute
Was Sie benötigen: einen Spiegel
Gruppengröße: allein
So geht's: Wenn Sie selbst so richtig durchhängen, können Sie folgendes Gute-Laune-Macher-Rezept ausprobieren. Stellen Sie sich vor den Spiegel und lächeln Sie sich eine Minute lang an. Funktioniert garantiert – davon ist der Psychotherapeut Michael Titze, der seit Jahren mit Humor therapiert, überzeugt. Er empfiehlt, ganz bewusst das Lachen zu trainieren, »indem man vor dem Spiegel Faxen macht, mit den Gesichtsmuskeln spielt.«[50]

Also: Warum stecken Sie nicht nur Ihre Umgebung, sondern ganz einfach sich selbst mal mit Ihrem Lachen an?

Falls Sie das noch nicht überzeugt, dann versuchen Sie es mal mit den Übungen von Madan Kataria. Der indische Arzt hat in seinem Heimatland bereits 150 Lachclubs gegründet. Er bringt den Teilnehmerinnen und Teilnehmern mit gezielten Körper- und Akustikübungen bei, wieder zu lachen. Sind Sie neugierig geworden? Dann versuchen Sie es gleich selbst einmal.

Übung: Lach mal wieder

Dauer: ca. 10 bis 15 Minuten
Was Sie benötigen: einen Platz, wo Sie sich unbeobachtet fühlen
Gruppengröße: Am meisten Spaß macht's mit mehreren, auch weil – wie gesagt – Lachen ansteckend ist. Teile dieser Übung kann man aber auch gut zwischendurch alleine trainieren.
So geht's:
- Die Gruppenmitglieder gehen durch den Raum, um sich zu begrüßen. Sie gehen lächelnd aufeinander zu, geben sich beide Hände, bis alle einander begrüßt haben.
- Die Gruppe stellt sich im Kreis auf, alle heben die Arme und beginnen sich in mittlerer Lautstärke anzulachen. Der Blick wandert von einer Person zur anderen.
- Legen Sie Ihre Hände auf die Schultern und drehen Sie die Ellenbogen versetzt im Uhr- und Gegenuhrzeigersinn.
- Bücken Sie sich nach vorne, singen Sie laut »aaa«, richten Sie sich dabei langsam auf und winken Sie den Lauten gen Himmel hinterher. Dieselbe Übung mit »eee«, »iii«, »ooo«, »uuu« wiederholen.

- Nun geht es darum, mit geschlossenem Mund zu lachen. Trotzdem sollen ein Lachsummen zu hören sein.
- Einer aus der Gruppe beginnt damit, seinem Nachbarn »ha« zu sagen. Dieser gibt es weiter an seinen Nachbarn usw., bis der Erste wieder dran ist. Der macht nun mit einem »haha« weiter, und in der dritten Runde geben alle ein »hahaha« an den Nachbarn weiter.
- Zum Schluss wecken Sie den Löwen in sich. Reißen Sie den Mund so weit wie möglich auf, strecken Sie die Zunge weit raus. Und nun brüllen, äh nein, lachen Sie!

Wenn wir uns die oben genannten positiven Aspekte des Lachens noch mal vergegenwärtigen, dann sollten wir uns schleunigst bemühen, mehr Spaß in unser Leben zu bringen. Denken Sie darüber nach, worüber Sie sich amüsieren. Was macht Ihnen Spaß? Was haben Sie immer gern gemacht, aber in letzter Zeit aus welchen Gründen auch immer vernachlässigt? Räumen Sie sich Zeit für Ihren persönlichen Spaßmacher ein. Vielleicht haben Sie ja auch Freude an folgenden – nicht ganz ernst zu nehmenden – Fragen.

Übung: Scherzfragen

Dauer: ca. 10 Minuten
Was Sie benötigen: Stift
Gruppengröße: allein
So geht's: Schreiben Sie Ihre Lösungsvorschläge auf. Die richtigen Antworten finden Sie auf Seite 211.

1) Was ist klein, grün und dreieckig?

2) Warum trinken Mäuse keinen Alkohol?

3) Mit welchen Worten grüßen sich zwei Päpste auf der Straße?

4) Wer tritt uns ungestraft ins Gesicht?

5) Zwei Frauen spielen in einem Lokal Backgammon. Sie machen fünf Spiele. Kein Spiel geht unentschieden aus und jede gewinnt gleich viele Spiele. Wie ist das möglich?

6) Wie kann man Postbote ohne o schreiben?

7) Was ist klein, fliegt durch die Luft und macht »mus, mus«?

8) Warum legen Hühner Eier?

9) Was war am 06.12.1994?

10) Ein Mann sitzt nachts in der einsamen Wildnis, eine neue Zigarette in der Hand, eine noch nicht brennende Kerze neben sich und mit einem einzigen Zündholz in der Tasche. Was sollte er vernünftigerweise zuerst anzünden?

Antworten auf Seite 211.

Die wichtigsten Tipps für das Entspannungs-, Energie- und Erfrischungs-Training

- Sorgen Sie nach Stresssituationen immer für Entspannungsphasen.
- Nehmen Sie Warnsignale wie Unruhe, Schlafstörungen, Kopfschmerzen, Gereiztheit ernst.
- Die richtige Atmung ist wesentlich für Ihr Wohlbefinden.
- Nehmen Sie sich Zeit, sich immer wieder zu »erden«.
- Machen Sie sich mit Entspannungstechniken wie z.B. dem autogenen Training oder der progressiven Muskelrelaxation nach Jacobsen vertraut. Auch Musik wirkt auf den Organismus entspannend – das ist wissenschaft-

lich erwiesen. Es gibt mittlerweile eine große Auswahl von CDs oder Kassetten mit entspannenden Melodien oder Geräuschen – zum Beispiel das Meeresrauschen, Vogelgezwitscher, Walgesang. Musik kann auch ein echter Gute-Laune-Macher sein.
- Vergessen Sie nicht, regelmäßig Ihre persönlichen Tankstellen anzusteuern, um Energie zu tanken.
- Sorgen Sie dafür, dass Sie immer wieder Gründe zum Lachen finden. Erlauben Sie sich, auch mal richtig albern zu sein, und genießen Sie die angenehm entspannende Wirkung.
- Zu guter Letzt: Insgesamt kommt es darauf an, dass Sie Ihre ganz individuelle Anti-Stress-Strategie entwickeln, dazu zählt eben nicht nur, eine oder mehrere der hier vorgestellten Techniken zu lernen. Ob Sie dem Stress langfristig erfolgreich Paroli bieten, hängt auch von Ihren inneren Einstellungen ab, Ihrem *Selbstwertgefühl* (siehe Seite 13 ff.), Ihrem behutsamen und bewussten Umgang mit sich selbst (gesunde Ernährung, Sport, wenig Alkohol und Nikotin, regelmäßige Pausen), Ihrem *Zeit- und Selbstmanagement* (siehe Seite 141 ff.). Seien Sie sich selbst ein guter Freund, eine gute Freundin, der/die für Sie Sorge trägt und versucht, negative Einflüsse so gering wie möglich zu halten und positive Einflüsse zu vermehren.

Lösungen und Lösungsvorschläge zu den einzelnen Übungen

Kapitel Selbstvertrauen

Antwortvorschläge: Umformulierung von Glaubenssätzen (Seite 15)

2) Ich bin stolz auf meine Erfolge, und es tut mir gut, anderen davon zu erzählen.
3) Ich erledige die Aufgabe, so gut ich kann.
4) Fehler sind menschlich. Nur aus Fehlern kann man lernen.
5) Ich habe einen Fehler gemacht. Davon geht die Welt nicht unter. Beim nächsten Mal mache ich es besser.
6) Ich habe Talente und Fähigkeiten. Es gibt eine Reihe von Gebieten, auf denen ich sehr gut und sogar besser bin als andere.
7) Ich bin ein ehrlicher Mensch und kann nicht allen gefallen. Wichtig ist, dass ich zu mir stehe. Wenn ich von mir überzeugt bin, dann überzeuge ich auch andere.
8) Ich bin jemand Besonderes. Es gibt niemanden, der genauso ist wie ich. Es gibt viel an mir zu entdecken.
9) Ich habe großes Interesse an dem Job und werde täglich dazulernen, um mich Stück für Stück weiter zu entwickeln.
10) Ich kann meine Wünsche und Erwartungen deutlich benennen. Ich habe ein Recht auf Zufriedenheit.

Kapitel Kommunikation

Antwortvorschläge: Die vier Ebenen in der Kommunikation (Seite 36)

Aussage	Sachebene	Appell	Selbstoffen-barung	Beziehung
1) Erna, das Bier ist alle!	Es ist kein Bier mehr da.	Hol mir ein Bier!	Ich habe Durst, ich bin zu faul, mir ein Bier zu holen.	Erna ist zuständig für Bierholen; sie muss was für mich tun.
2) Sie sind ja ein/-e feine/-r Kollege/-in!	Sie sind ein feiner Kollege.	Ändern Sie sich!	Ich hätte das anders gemacht.	Ich halte nicht viel von Ihnen.
3) Weißt du, wie spät es ist?	Frage nach der Uhrzeit.	Beeil dich, es ist schon spät.	Ich achte genau auf die Uhrzeit, ich komme nie zu spät.	Du bist unzuverlässig. Ohne mich würdest du es nicht schaffen.
4) Vor unserem Urlaub habe ich noch so viel zu tun.	Ich habe noch viel zu tun.	Hilf mir!	Immer muss ich alles allein machen. Das ist ungerecht.	Er/sie verlässt sich voll auf mich.

Test: Aktives Zuhören (Seite 39)

1. c
2. b
3. a
4. a
5. b

Übung: Ich- statt Du-Botschaften (Seite 43)

1) Mich stört, dass immer ich unsere Kaffeetassen abwaschen muss.
2) Ich habe die Befürchtung, dass die Kunden sich nicht gut behandelt fühlen.
3) Mich stört es, wenn du nicht akzeptierst, dass ich eine andere Meinung habe.
4) Ich wünsche mir mehr Interesse und Aufmerksamkeit von dir.
5) Ich erwarte, dass ich ausreden kann und Sie mir auch mal zuhören.
6) Ich bin enttäuscht, dass Sie mich nicht einbezogen haben.
7) Ich fühle mich nicht gut, wenn Sie so reden.
8) Ich wünsche, dass du meine Sache genauso wichtig nimmst wie ich deine.

Kapitel Schlagfertigkeit

Übung: Kontern mit der Notfall-Technik (Seite 52)
1) Konter: »Sagen Sie bloß!«
2) Konter: »Und Sie haben wirklich Abitur?«
3) Konter: »Ihr Humor ist unschlagbar!«

Übung: Kontern mit der Rückfrage-Technik (Seite 54)
1) Konter: »Was meinen Sie mit so weitermachen?«
2) Konter: »Wieso meinst du, dass man mit mir nicht reden kann?«
3) Konter: »Wie hätte ich es denn machen sollen?«

Übung: Kontern mit der Besser-als-Technik (Seite 56)
1) Konter: »Besser das Gleiche und Beständigkeit als dauernde Veränderungen.«
2) Konter: »Besser gerollt als geklappert.«
3) Konter: »Besser sehr von sich überzeugt als wenig überzeugend!«

Übung: Kontern mit der Ja-ganz-genau-Technik (Seite 57)
1) Konter: »Ja genau. Ich hatte auch mehr an Menschen gedacht.«
2) Konter: »Ja, danke. Ich weiß, mich kann man nicht so leicht kopieren.«
3) Konter: »Danke für das Kompliment. Sie sind nicht der Erste, dem mein Outfit gefällt.«

Übung: Positiv umformulieren (Seite 59)

1) dabei sein (ist alles)
2) stark, kräftig, robust
3) exakt
4) gründlich
5) einzigartig
6) Aufgabe, Herausforderung
7) offen, neugierig, interessiert
8) originell
9) wagemutig
10) Hinweis, Hilfestellung
11) flexibel
12) willensstark
13) warmherzig

Kontervorschläge für Killerphrasen (Seite 62 ff.)
Mit Witz/Ironie
1) Reaktion: »*Sie werden es nicht glauben: ich kann!*«
2) Reaktion: »*Ich kann Sie beruhigen. Ich war gerade erst beim Arzt. Mit meinen Augen ist alles in Ordnung!*«
3) Reaktion: »*Karten oder Kristallkugel?*«

Als Rückfrage
4) Reaktion »*Was muss gemacht werden, damit es organisatorisch zu bewältigen ist?*«
5) Reaktion: »*Kompliment. Sie haben das komplette Konzept in so kurzer Zeit durchgearbeitet, um dann zu seiner so fundierten Meinung zu kommen. Dann erklären Sie doch mal, warum alles nichts bringt.*« (Rückfrage mit Ironie)
6) Reaktion: »*Bin gespannt zu hören, worauf sich Ihre Meinung gründet.*«

Mit Schärfe
7) Reaktion: »*Das ist doch wohl eher Ihr Metier.*«
8) Reaktion: »*So gute Pläne sind eben sehr selten. Da kommt nicht jeder drauf, wie Sie aus eigener Erfahrung wissen.*«
9) Reaktion: »*Es besser als Sie zu wissen ist ja nicht besonders schwierig.*«

Mit Benennung

10) Reaktion: »*Das wurde Galileo Galilei auch, als er sagte, dass die Erde sich um die Sonne dreht. Sie sehen also, Killerphrasen sind nicht sonderlich erfolgversprechend.*«
11) Reaktion: »*Da kann ich Ihnen nur zustimmen. Statt lange leere Killerphrasen zu dreschen, bin ich auch lieber für kurze, konstruktive Gespräche.*«
12) Reaktion: »*Ganz Ihrer Meinung. Wir sollten wieder sachlich reden.*«

Kapitel Präsentation

Übung: Anschaulich formulieren (Seite 81)

- »Denken Sie in der Präsentation daran, Ihre Argumente logisch aufzubauen. Das Publikum dankt es Ihnen.«
- »Wenden Sie diese Technik am besten an, wenn ...«
- »Sie hörten ...«
- »Um Ihr Ziel zu erreichen, sollten Sie prüfen: Können Sie die Aufgaben in der geplanten Zeit erfüllen?«
- »Mehr Gehalt zu fordern fällt vielen Arbeitnehmerinnen und Arbeitnehmern schwer.«
- »Ich habe bereits gesagt, dass ...«

Übung: Fremdwörtertest (Seite 83)

1. a
2. a
3. b
4. c
5. c
6. b
7. a
8. b
9. c
10. b

Übung: doppelte und dreifache Verneinung verstehen (Seite 85)

1) a
2) a
3) Unsere Republik ist für Gewalt.
4) b
5) b
6) a
7) Kann ein Fehlstart noch missglücken? Im Sinne der doppelten Verneinung müsste es dann ein erfolgreicher Start sein – in jedem Fall ist es unverständlich!

Kapitel Kreativität

Test: Einfallsreichtum (Seite 102 ff.)

Begriffe finden
1) Wie viele Wörter sind Ihnen zu der Farbe Blau eingefallen? Bis zu 9? – dann liegen Sie im Durchschnitt, waren es 11, 12 oder sogar mehr – dann liegen Sie in Sachen Einfallsreichtum ziemlich weit vorn.
   Vielleicht haben Sie auch Begriffe wie diese gefunden:
   z. B.: Himmel, Meer, Likör, Augen, Nagellack, Flasche, Kerze, Bürostuhl, Uniform, Jeanshose, Handydisplay, Kugelschreiber, Koffer, Politikeranzug, Badelatschen, Blumenvase, Aschenbecher, blauer Fleck, Swimmingpool ...

2) Wie viele Wörter sind Ihnen zur Farbe Gelb eingefallen?
   Auswertung: etwa 12 Punkte = Durchschnitt, ab 16 Punkte sind Sie schon ziemlich gut, ab 21 Punkten wohl nicht mehr zu toppen.
   Sind Sie auch auf ähnliche Wörter wie folgende gekommen?
   Postauto, Sonne, Sonnenblume, gelbe Haut bei Gelbsucht, gelbes Ampellicht, Bananen, Paprika, Zitronen, gelbe Blätter, Post-it, Limonade, Eis am Stil, gelbe Gummibärchen, Safran, Curry, Bier, Urin, Ginster, Butterblume, gelbe Rosen, Nelken, Tulpen, Forsythie, Kanarienvogel, Stroh, Duden, Regenjacke ...

3) Was ist Ihnen zum Adjektiv hart eingefallen?
   7–9 Punkte = Durchschnitt
   Ab 11: gutes Ergebnis

Ab 15: Spitze
Vorschläge zum Adjektiv hart:
Eisen, Stahl, Beton, Stein, Granit, Leben, Eis, Muskeln, Metall, Erziehung, Wettkampf, altes Brot, Knäckebrot, Faust, Panzerglas, Aufschlag (z. B. beim Tennis), Antwort, Schicksal...

4) Was kann man alles essen? Wie viele Wörter haben Sie gefunden?
Hier ging's wahrscheinlich müheloser als bei den vorherigen Fragen. Deshalb werden auch schon 12 bis 14 Punkte für eine durchschnittliche Leistung erwartet. Ab 17 Wörter können Sie Ihre Leistung als gut einstufen, ab 21 Punkten sogar als sehr gut.
Einige Begriffs-Vorschläge:
Tomate, Brot, Fleisch, Artischocken, Kartoffeln, Nudeln, Apfel, Birne, Pfirsich, Kirschen, Gurken, Kekse, Müsli, Joghurt, Reis, Kräuter, Nüsse, Kerne, Chips, Schokolade, Honig, Quark, Wurst und Käse, Melone, Kiwi, Spinat...

5) Was ist Ihnen zur Zahl Drei eingefallen? Auf wie viele Punkte sind Sie diesmal gekommen?
12–16 Punkte = Durchschnitt, ab 17 = gut, ab 21 = sehr gut.
Sie haben es sich hoffentlich nicht zu einfach gemacht und sind nur auf Worte wie dreist, dreierlei oder gar drei Äpfel, drei Hosen, drei Gartenzäune gekommen. Für letzteres gibt es keinen Punkt. Die gibt's vielmehr für Begriffe wie:
Dreieck, Trio, Toblerone (dreieckige Schokolade), Dreieinigkeit, Drillinge, Trikolore, Skatrunde, Kleinfamilie (Mutter, Vater, Kind), Dreigroschenoper, drei, dreizehn, dreißig, dreihundert, die heiligen drei Könige, Dreirad, Dreigangschaltung, Trimester, dreischrittige Übung

Übung: Wortbildung (Seite 104)

9 Wörter = Durchschnitt, 10–12 Wörter= gut, 13 und mehr Wörter = sehr gut.
Vorschläge:
Ei, ein, eine, nie, in, ganz, Ziege, Ziegen, Zeig, zeigen, Geiz, geizen, Genie, eng, zage, zagen, zig
und Abkürzungen wie: AG, AEG, GEZ, i.A.

Übung: Synonyme finden (Seite 104 ff.)

1) »*Lohn*«:
Auswertung: 4–5 Wörter = Durchschnitt, 6–7 Wörter = gut, ab 8 Wörter = sehr gut
Einnahmen, Einkünfte, Gehalt, Verdienst, Einkommen, Bezüge, Entlohnung, Entgelt, Honorar, Fixum, Bezahlung (ggf. Gage, Sold)

2) »*hören*«:
Auswertung: 4 Wörter = Durchschnitt, 5–6 Wörter = gut, ab 7 Wörter = sehr gut
zu Ohren kommen, vernehmen, erfahren, mitbekommen, mitkriegen, wahrnehmen, aufschnappen, akustisch aufnehmen (mit Einschränkung: Kenntnis erhalten, Wind bekommen von)

3) »*berufstätig*«:
Auswertung: 4 Wörter = Durchschnitt, 5–6 Wörter = gut, ab 7 Wörter = sehr gut
einen Beruf ausübend, werktätig, arbeitend, erwerbstätig, beschäftigt, schaffend, in Lohn und Brot stehend

4) »*jammern*«:
Auswertung: 4 Wörter = Durchschnitt, 5–6 Wörter = gut, ab 7 Wörter = sehr gut
klagen, sich beschweren, lamentieren, Unzufriedenheit ausdrücken, in Klagen ausbrechen, quäken

5) »*Kampf*«:
Auswertung: 5 Wörter = Durchschnitt, 6–7 Wörter = gut, ab 8 Wörter = sehr gut
Schlacht, Gefecht, Krieg, Fehde, Feindseligkeit, Blutvergießen, Blutbad, kriegerische Handlungen, kriegerische Auseinandersetzungen, Auseinandersetzung, Streit

6) »*Scherz*«:
Auswertung: 5 Wörter = Durchschnitt, 6–7 Wörter = gut, ab 8 Wörter = sehr gut
Spaß, Ulk, Witz, Jux, Clownerie, Unfug, Albernheit, Schelmerei, Streich, Narretei, Gaudi, Klamauk, Faxen

7) »*attraktiv*«:
Auswertung: 4 Wörter = Durchschnitt, 5 Wörter = gut, ab 6 Wörter = sehr gut
ansprechend, begehrenswert, einnehmend, interessant, anziehend, fesselnd

8) »*betrügen*«:
   Auswertung: 5 Wörter = Durchschnitt, 6–7 Wörter = gut, ab 8 Wörter = sehr gut
   hintergehen, prellen, täuschen, neppen, übervorteilen, leimen, hereinlegen, mogeln, mit falschen Karten spielen, beschwindeln, falsch spielen, übers Ohr hauen, anschmieren, jemanden aufs Kreuz legen, jemanden hinters Licht führen, jemandem eine Grube graben
9) »*Freude*«:
   Auswertung: 4–5 Wörter = Durchschnitt, 6 Wörter = gut, ab 7 Wörter = sehr gut
   Wonne, Vergnügen, Begeisterung, Vergnüglichkeit, Lust, Ergötzen, Hochgefühl, Entzücken, gute Stimmung, Glücksgefühl
10) »*kreativ*«:
    Auswertung: 4 Wörter = Durchschnitt, 5 Wörter = gut, ab 6 Wörter = sehr gut
    schöpferisch, ideenreich, fantasievoll, einfallsreich, erfinderisch, gestalterisch, originell

Abkürzungen interpretieren (Seite 106 f.)

Vorschläge:
1) z. B.: zerbrechlicher Biologe
2) FDP: Flieder duftet pompös
3) AG: Alles Gerede
4) MfG: Mich freut's gewaltig
5) GmbH: Gib mir bitte Hagebuttentee
6) ARD: Aus rechtschaffener Dichterhand
7) dpa: Deftig prickelnde Anmache
8) FBI: Fabulöses Bier Imperium
9) DGB: Die größte Binsenweisheit
10) BSC: Bisschen schwacher Charakter

Übung: Lass Bilder sprechen (Seite 108)

Ein blindes Huhn findet auch einmal ein Korn.
Den Letzten beißen die Hunde.

Eine Schwalbe macht noch keinen Sommer.
Der frühe Vogel fängt den Wurm.
Stille Wasser sind tief.
Wer andern eine Grube gräbt, fällt selbst hinein.
Der Apfel fällt nicht weit vom Stamm.
Wer im Schaden schwimmt, hat gern, dass andere mit ihm baden.
Kleinvieh macht auch Mist.
Wie man in den Wald hineinruft, so schallt es heraus.
Wer zuletzt lacht, lacht am besten.
Was du heute kannst besorgen, das verschiebe nicht auf morgen.
Gleich und gleich gesellt sich gern.
Morgenstund' hat Gold im Mund.
Tue das, was du fürchtest, und die Furcht stirbt einen sicheren Tod.
Hochmut kommt vor dem Fall.
Die Axt im Haus erspart den Zimmermann.
Wie die Alten sungen, so zwitschern auch die Jungen.
Wer im Glashaus sitzt, sollte nicht mit Steinen werfen.
Nach dem Essen soll man ruh'n, oder tausend Schritte tun.
Es ist noch kein Meister vom Himmel gefallen.
Rom wurde nicht an einem Tag erbaut.
Schmiede das Eisen, solange es heiß ist.
Morgen, morgen, nur nicht heute, sagen alle faulen Leute.

Kapitel Lernfähigkeit und Konzentration

Test: Wie gut arbeiten Ihre grauen Zellen? (Seite 126f.)

1–3 Richtige
Was ist los? Entweder geht es Ihnen gerade nicht besonders gut, oder Ihnen fehlt die Übung. Höchste Zeit für ein Training.

4–6 Richtige
Kein unbedingt berauschendes Ergebnis, aber auch kein Totalausfall. Wenn's nötig ist, können Sie sich ganz gut konzentrieren, allerdings gibt es – nennen wir es mal – Verbesserungspotenzial.

7–9 Richtige
Kompliment, Sie liegen über dem Durchschnitt und machen bei dieser Übung eine recht gute Figur. Auch hier lässt sich durch regelmäßiges Üben noch ein wenig mehr rausholen. Nutzen Sie Ihre Chance.

10–12 Richtige
Spitze! Sie zählen zu den Besten. Sorgen Sie dafür, dass es so bleibt!

2-d-Konzentrations-Test (Seite 128 f.)

1: 7, 2: 13, 3: 6, 4: 7, 5: 11, 6: 8, 7: 11. 8: 13, 9: 7, 10: 13, 11:16, 12: 7, 13: 11, 14: 8, 15: 11

Übung: Kopfrechnen (Seite 128 ff.)

a) 7 – 4 = 3, b) 5 – 3 = 2, c) 10 – 9 = 1, d) 2 – 1 = 1, e) 6 – 5 = 1, f) 12 – 10 = 2, g) 4 – 2 = 2, h) 13 – 9 = 4, i) 10 – 2 = 8, j) 4 – 3 = 1, k) 11 – 9 = 2, l) 12 – 11 = 1

Übung: Denkaufgaben (Seite 136 f.)

1) Der Denkansatz ist falsch. Ausgangsbasis sind nicht 30 Euro, sondern nur 27 Euro, die bezahlt werden. Man darf die 2 Euro, die sich die Kellnerin in die Tasche gesteckt hat, nicht zu diesen 27 Euro dazuzählen, sondern muss sie abziehen. Das heißt: 27 Euro minus 2 Euro sind 25 Euro, die der Chef erhält.
2) Sie liehen sich ein Kamel aus und hatten nun 18 Tiere. Der erste Sohn nahm die Hälfte, also neun, der zweite ein Drittel, also sechs Kamele, der Jüngste hatte Anspruch auf ein Neuntel, das waren zwei Tiere. 9 plus 6 plus 2 Kamele = 17 Kamele. Und damit konnten sie das geliehene Tier wieder zurückgeben.
3) Da der luftgefüllte Gummiball auf Wasser schwimmt, braucht man nur das Rohr mit Wasser zu füllen. Dadurch steigt der Ball mit steigendem Wasserspiegel nach oben.
4) Ein Komma, denn dann erhält man die Zahl 2,3.
5) Drei Socken.

Übung: Deutschlehrer (Seite 138)

1) Telefon, 2) Bierbauch, 3) Radar oder Radio, 4) Apfel, 5) Ordner, 6) Zweig, 7) Cafe oder Name, 8) Toast, 9) Klavier, 10) Brief, 11) Schere, 12) Achtung, 13) Suppe oder Mappe, 14) Schrank, 15) Vater, 16) Montag, 17) Kreis, 18) Netz, 19) Ski, 20) Globus

Kapitel Zeit- und Selbstmanagement

Antworten: Zeit einschätzen (Seite 175)

Schlafen: 25 Jahre
Fernsehen: 8,3 Jahre
Arbeit: 7,5 Jahre
Essen: 6 Jahre
Hausarbeit: 5 Jahre
Krank sein: 2,8 Jahre

Schule: 2,6 Jahre
Bücher lesen: 6,9 Monate
Schlüssel suchen: 3 Monate
Sex: 2,5 Monate
Sport: 2,5 Monate

Kapitel Entspannung, Erfrischung, Energie

Übung: Scherzfragen (Seite 197f.)

1) Ein kleines grünes Dreieck.
2) Weil sie Angst vor dem Kater haben.
3) Mit keinen Worten, denn es gibt nie zwei Päpste gleichzeitig.
4) Der Schweiß.
5) Sie spielen nicht gegeneinander, sondern gegen andere Leute.
6) Briefträger.
7) Eine Biene im Rückwärtsgang.
8) Wenn sie die schmeißen würden, gingen sie ja kaputt.
9) Nikolaus.
10) Natürlich das Streichholz.

Anmerkungen

1 Rolf Merkle: So gewinnen Sie mehr Selbstvertrauen, Mannheim 2002, S. 7
2 Friedemann Schulz von Thun: Miteinander Reden 1. Störungen und Klärungen, Reinbek bei Hamburg 1981, S. 187
3 vgl. Günther Rebel: Mehr Ausstrahlung durch Körpersprache, München 1997, S. 52 f.
4 Paul Coelho: Am Ufer des Rio Piedra saß ich und weinte, Zürich 2000, S. 15 f.
5 vgl. Doris Dörrie: Was machen wir jetzt? Zürich 2001, S. 134
6 Friedemann Schulz von Thun, a. a. O., S. 26
7 ebd., S. 27
8 ebd., S. 199
9 vgl. Eva Havenith/Ida Lamp: So trete ich als Frau überzeugend auf, Mannheim 1993, S. 148
10 vgl. Meike Müller: Schlagfertig! Verbale Angriffe gekonnt abwehren, Niedernhausen 2000, S. 61 ff.
11 vgl. Meike Müller, a. a. O., S. 52 ff.
12 vgl. ebd., S. 54 ff.
13 vgl. ebd., S. 73 ff.
14 Wolf Schneider: Deutsch für Profis, Hamburg 1984, S. 143
15 vgl. Wolf Schneider: a. a. O., S. 145 f.
16 ebd., S. 146
17 vgl. Axel Rachow (Hrsg.): Spielbar, Bonn 2000, S. 77
18 Steffi Augter: Groschen gefallen, in: Wirtschaftswoche, Nr. 36, 29.08.2002, S. 73
19 ebd., S. 70 ff.
20 Karin Pfeiffer: Bunte Vögel braucht das Land, in: Freundin – Job@business, 1/2000, S. 97
21 ebd., S. 98
22 vgl. Stephan Zeller/Barbara Schröter: Fantasie der Mitarbeiter beflügelt die Bilanz, in: Die Welt, 4.5.2002, S. B1
23 vgl. Hedwig Kellner: Die besten Kreativitätstechniken in 7 Tagen, Landsberg am Lech 1999, S. 7
24 vgl. Jürgen Hesse/Hans Christian Schrader: Testtraining Kreativität. Eignungs- und Einstellungstests sicher bestehen, Frankfurt a. M. 2001, S. 11 ff.
25 vgl. Heinz Heer: Gedächtnis im Alter: Die Einbußen lassen sich in Grenzen halten, in: www.interphrama.ch/info/wissens/DG/00_1/d/A1.html
26 ebd.
27 vgl. Britta Surholt-Rauer: Fitness-Programm für die kleinen grauen Zellen, in: TK aktuell 1/97, S. 5

28 vgl. Stefan Klein: Die Entmachtung der Uhren, in: Der Spiegel, 1/1998, S. 94
29 ebd., S. 94
30 Dagmar Sobull: Management by Stress ist unproduktiv, in: www.handelsblatt.com
31 ebd.
32 vgl. Andreas Jung: Großes Fressen, in: BizzCapital, Sept./Okt. 98, S. 100
33 ebd.
34 N. N.: Schlafende Manager, in: Der Tagesspiegel, 25.10.2000, S. 32
35 vgl. Alec Mackenzie / Kay Cronkite Waldo: Die doppelte Zeitfalle. Zeitmanagement für die Frau, Heidelberg 1992
36 ebd., S. 57
37 vgl. Stephen Covey u. a.: Der Weg zum Wesentlichen, Frankfurt a. M. 1997, S. 32
38 ebd., S. 39
39 ebd., S. 43
40 ebd., S. 40
41 Uwe Wolff: Schreiben Sie Ihre Grabrede. Zeitmanagement-Zar Stephen Covey meint, dass wir erst den Sinn unseres Lebens finden müssen, bevor wir zum Terminkalender greifen, in: Focus 1/2000, S. 105
42 vgl. Andreas Keller: Belastung: Stress ist lebenswichtig, in: ww.jobpilot.de/content/journal/beruf/stress.html
43 N. N.: Entdecken Sie die Kraft des Atems! In: www. Lung.ch/ihre gesundheit/atemuebungen/index.asp
44 ebd.
45 vgl. Matthias Kunert: Ha-ha-ha und ho-ho-ho – Training für das Zwerchfell. In Berlins einziger Lachgruppe wird ganz ohne Anlass kräftig gelacht, in: www.berlinonline.de
46 vgl. Judith Raupp: Heute schon gelacht, Chef? Und: Ursula Schneider: Lachen ist noch immer die beste Medizin, in: www.humor.ch
47 N. N: Lachen ist gesund, in: www.getwellness.ch
48 ebd.
49 vgl. Thomas Holtbernd: Der Humor-Faktor. Mit Lachen und Humor das Leben erfolgreich meistern, Paderborn 2002, S. 13
50 Ursula Schneider, s. Anm. 45

Literatur

Bücher

David Bernstein: *Die Kunst der Präsentation*. Frankfurt a. M., 1995
Paul Coelho: *Am Ufer des Rio Piedra saß ich und weinte*. Zürich, 2000
Stephen Covey u. a.: *Der Weg zum Wesentlichen*. Frankfurt a.M., 1997
Doris Dörrie: *Was machen wir jetzt?* Zürich, 2001
Eva Havenith/Ida Lamp: *So trete ich als Frau überzeugend auf*. Mannheim, 1993
Jürgen Hesse/Hans-Christian Schrader: *Testtraining Kreativität. Eignungs- und Einstellungstests sicher bestehen*. Frankfurt a. M., 2001
Jürgen Hesse/Hans-Christian Schrader: *Testtraining 2000plus. Einstellungs- und Eignungstests erfolgreich bestehen*. Frankfurt a. M., 1998
Thomas Holtbernd: *Der Humor-Faktor. Mit Lachen und Humor das Leben erfolgreich meistern*. Paderborn, 2002
Hedwig Kellner: *Die besten Kreativitätstechniken in 7 Tagen*. Landsberg am Lech, 1999
Alec Mackenzie/Kay Cronkite Waldo: *Die doppelte Zeitfalle. Zeitmanagement für die Frau*. Heidelberg, 1992
Rolf Merkle: *So gewinnen Sie mehr Selbstvertrauen*. Mannheim, 2002
Meike Müller: *Der starke Auftritt. So überzeugen Sie in Ihrem Job*. Frankfurt a. M., 2002
Meike Müller: *Schlagfertig! Verbale Angriffe gekonnt abwehren*. Niedernhausen, 2000
Axel Rachow (Hrsg.): *Spielbar*. Bonn, 2000
Günther Rebel: *Mehr Ausstrahlung durch Körpersprache*. München 1997

Dorothy Sarnoff: *Auftreten ohne Lampenfieber*. München 1995
Wolf Schneider: *Deutsch für Profis*. Hamburg, 1984
Friedemann Schulz von Thun: *Miteinander reden 1. Störungen und Klärungen*. Reinbek bei Hamburg, 1981
Alice Schwarzer: *Der große Unterschied. Gegen die Spaltung von Menschen in Männer und Frauen*. Köln, 2000
Lothar Seiwert: *Mehr Zeit für das Wesentliche*. Landsberg am Lech, 1997
Paul Watzlawick: *Anleitung zum Unglücklichsein*. München/Zürich, 1983

Zeitschriften und Internetartikel

BizzCapital, Sept./Okt. 98
Der Spiegel, 1/1998
Der Tagesspiegel, 25.10.2000
Die Welt, 4.5.2002
Focus, 1/2000
Freundin – Job@business, 1/2000
TK aktuell, 1/97
Wirtschaftswoche, Nr. 36, 29.08.2002

Internetadressen

www.berlinonline.de
www.getwellness.ch
www.handelsblatt.com
www.humor.ch
www.interphrama.ch/info/wissens/DG/00_1/d/A1.html
www.jobpilot.de/content/journal/beruf/stress.html
www. Lung.ch/ihre gesundheit/atemuebungen/index.asp

Dank

Ich möchte mich herzlich bei allen bedanken, die mich bei diesem Buch unterstützt haben. Mein besonderer Dank gilt den Trainer/-innen Alice Betke, Christian Birkholz, Astrid Dinda, Daniel Dunkhase, Helen Hannerfeldt, Jürgen Hesse und Klaus Vollrath dafür, dass sie ihre Lieblingsübungen beigesteuert und so zum Gelingen dieses Projektes erheblich beigetragen haben.

Meike Müller

Meike Müller bietet Inhouse-Seminare und Trainings zu folgenden Themen an:
- Rhetorik
- Präsentation
- Zeit- und Selbstmanagement
- Assessment Center
- Schlagfertigkeit
- Selbstvertrauen
- Smalltalk

Wenn Sie sich dafür interessieren, können Sie sich an folgende Adresse wenden:

Meike Müller
Kurfürstenstraße 24/25
10785 Berlin
Tel.: 030 / 26 55 00 68
Fax: 030 / 25 46 44 87
E-Mail: MeikeC.Mueller@t-online.de